W0055925

Burnout 6.0

Von Betroffenen lernen: Wege aus der Burnout-Spirale

12 wahre Geschichten

Zusammengetragen von:

Dr. med. Petra Wenzel (Hrsg.)

Peter Buchenau (Hrsg.)
Vorstandsvorsitzender

Burnout-Zentrum e.V.
Europäischer Fachverband für
Stressbewältigung und Burnoutprävention

biobliothek®
unser roter Faden ist gruen

Inhaltsverzeichnis

Ist Stress zu stark, bist Du zu schwach?

Diesen abgewandelten Werbeslogan habe ich kürzlich als Überschrift für einen bissigen Artikel gewählt. Mir war nämlich endgültig der Kragen geplatzt. Auf jeder Businessveranstaltung, die ich in der letzten Zeit besucht habe, gab es mindestens einen Unternehmer oder eine Führungskraft, die sich vertrauensvoll zu mir herüber neigte, um mir zwischen zwei netten Häppchen die Essenz des Themas Stress ins Ohr zu flüstern: „Die Leute" (und damit waren durchaus auch die eigenen Mitarbeiter gemeint) machen sich ihren Stress doch selbst!"

Meiner Ansicht nach ist das ein Versuch, Verantwortung zu leugnen, denn zahlreiche Statistiken und Untersuchungen sprechen eine andere Sprache: Menge und Art der Arbeitsbelastung spielen durchaus eine bedeutende Rolle dabei, dass wir Deutschen zu einem „Volk der Erschöpften" geworden sind.

Krank vor Arbeit

Besonders interessant ist in diesem Zusammenhang eine Studie der Europäischen Beobachtungsstelle für berufsbedingte Risiken mit der Überschrift: „Stress ist häufigster Grund für Krankmeldungen" und darunter: „Krank vor Arbeit: Fast jeder vierte Beschäftigte in der Europäischen Union leidet unter jobbedingtem Stress." Die häufigsten Auslöser für den Stress seien unsichere Arbeitsverhältnisse, hoher Termindruck, zu lange Arbeitszeiten sowie Informations- und Medienüberflutung. Die Beobachtungsstelle geht davon aus, dass die Zahl der Betroffenen weiter zunehmen wird.

Der Direktor der Europäischen Agentur für Sicherheit und Arbeitsschutz plädiert für eine „ständige Überwachung und Verbesserung der psychosozialen Arbeitsumgebung", (...) damit hochwertige Arbeitsplätze geschaffen werden und die Mitarbeiter gesund bleiben". Angesichts dieser und weiterer Studien die Verantwortung für Stress und Burnout dem „schwächelnden" Einzelnen zuzuschieben, halte ich für eine Verkennung der Realität.

Nicht schwach, sondern unvorbereitet

Warum schreibe ich das? Um denen den Rücken zu stärken, die angesichts der Herausforderungen unseres modernen Lebens im

21. Jahrhundert weiche Knie bekommen. Um ihnen zu sagen: „Ihr seid nicht zu schwach. Eure Situation ist eine sensible Reaktion auf besondere Bedingungen, auf die Euch niemand vorbereitet hat."

Unser Leben hat sich in den letzten Jahren rasant und massiv verändert – mit ständiger Erhöhung von Tempo und Komplexität, Reizüberflutung, unterdrückenden Arbeitsbedingungen und einer zunehmenden Austauschbarkeit des Einzelnen. Sprach man früher von mittel- bis langfristig, dachte man an Zeiträume zwischen einem und fünf Jahren, heute an einen bis fünf Monate. Unser 280 Millionen Jahre altes Instinkthirn kommt bei diesem Tempo nicht mehr mit. Der Zeitgeist setzt es unter Stress. Das war die schlechte Nachricht.

Und nun die gute: Wir können lernen, mit den neuen Bedingungen am Beginn des 21. Jahrhunderts umzugehen. Damit sind wir bei der Rolle des Einzelnen angelangt. Denn die Ursachen für Stress ausschließlich der Gesellschaft, der Zeit und den Arbeitgebern anzulasten, wäre ebenfalls eine unzutreffende, einseitige Betrachtungsweise. Letzten Endes sind ‚wir' die Gesellschaft und die Wirtschaft; jeder Einzelne von uns.

Offene Berichte von mutigen Betroffenen

Die Menschen, die ihren Teil zu diesem offenen Buch beigetragen haben, berichten freimütig von den äußeren und inneren Umständen, die zu ihrem Burnout geführt haben. Ohne Scheu bekennen sie: So war es! Sie, liebe Leser, halten das für selbstverständlich? Ich darf Ihnen versichern, dass es das nicht ist. Obwohl Printmedien und Internet voll von Berichten über die von der Weltgesundheitsorganisation bezeichnete „Volksseuche des 21. Jahrhunderts" sind, scheuen sich immer noch viele Betroffene, sich zu ihrer Situation zu bekennen.

In Unternehmen schwelt im Verborgenen nach wie vor die Angst, als Schlappschwanz zu gelten, als einer, der seine Sachen einfach nicht geregelt bekommt, wenn offensichtlich wird, dass er den Herausforderungen von Privat- und Berufsleben nicht mehr gewachsen ist. Das Benennen und Anerkennen der Burnout-Situation ist jedoch der erste Schritt zur Heilung. Dennoch ist er oft nicht leicht, und genau aus diesem Grund gebührt den Autoren der Beiträge dieses Buches Respekt.

Gebot der Stunde: Für das moderne Leben lernen

In meinen Seminaren und Coachings sprechen Burnout-Betroffene oft davon, dass sie sich unzulänglich und schuldig fühlen und sich schämen. Das brachte mich auf die Frage: Können diejenigen, die sich gestresst fühlen, mit sich selbst und dem Leben im Allgemeinen einfach nicht adäquat umgehen? Die Antwort lautet: Ja. Ist das Grund, sich zu schämen? Diese Antwort lautet: Nein.

Weil niemanden eine „Schuld" trifft. Kann ich jemanden, der niemals Kochen gelernt hat, in eine Küche stellen, alle Zutaten vor ihm ausbreiten und erwarten, dass er ein Vier-Sterne-Menü daraus kocht? Wieder lautet die Antwort: Nein. Wie sollte er es anstellen, wenn er das Kochen nie gelernt hat? So ähnlich können Sie sich die Situation unseres heutigen Lebens vorstellen. Wir werden ständig in Situationen und vor Anforderungen gestellt, auf die wir einfach nicht vorbereitet wurden.

Keine Frage der Schuld

Der Psychologe Hermann Meyer führt dazu aus:

„Man lernt nicht das, worauf es im Leben ankommt, was man wirklich zum Leben braucht. Man lernt nichts über Gesundheitslehre, obwohl man permanent mit diesem Körper leben muss; nichts über Ernährung, obwohl sie täglich auf Körper, Seele und Geist einwirkt; nichts über Psychologie, obwohl man sich doch Zeit seines Lebens mit der eigenen Psyche auseinandersetzen muss; nichts über Soziologie, obwohl man in diese Gesellschaft integriert ist; nichts über gesundes Bauen und Wohnen, obwohl wir uns über die Hälfte der Lebenszeit in unserer Wohnung aufhalten, nichts über Pädagogik, obwohl unsere Kinder die Zukunft der Menschheit bedeuten; nichts über Schicksalskunde, obwohl jeder davon betroffen ist; nichts über Erfolg, obwohl fast jeder ihn erreichen will; nichts über die Gesetze der Kommunikation, obwohl sie in der Begegnung von entscheidender Bedeutung sind; und letztendlich auch nichts über Partner- und Beziehungsfähigkeit, obwohl diese Fähigkeit für Glück und Unglück eines Menschen eine so gravierende Rolle spielt. Aus all diesen Gründen wird klar, dass niemanden eine Schuld trifft, wenn er im Elternhaus und in der Schule nichts oder nur wenig von den menschlichen Anlagen und Fähigkeiten erfahren und ausbilden konnte."

Burnout: Den Herausforderungen mutig begegnen

Die Botschaft ist klar: Wir müssen uns selbst auf die Socken machen und mit Versuch und Irrtum mitunter schmerzhaft unser Sein ergründen. Zahllose Berater, Coachs und Therapeuten stehen bereit, uns dabei zu unterstützen. Meterweise Regale in Buchhandlungen sind voll von Burnoutratgebern. „Googeln" Sie „Burnout", bekommen Sie aktuell über 56 Millionen Interneteinträge.

Dieses Buch ist anders. Niemand erteilt Ihnen hier schlaue Ratschläge oder stülpt Ihnen etwas über. Niemand sagt Ihnen, wie Sie Ihr Leben leben sollen, damit es funktioniert. Herausgeber Peter Buchenau tritt als Fachmann für Burnout in den Hintergrund und lässt ehemalige Betroffene zu Wort kommen. Indem die Autoren ihre eigenen Erfahrungen darbieten, schaffen sie einen Raum, in welchem die Leser die Freiheit haben, etwas aus den Zeilen zu ziehen, was hilfreich für sie ist.

Möglicherweise gelingt es Ihnen, Ihre eigene Situation zu reflektieren, leiderzeugende Muster zu erkennen und Anregungen für neue Sicht- und Verhaltensweisen zu bekommen. Sie werden sehen, dass Sie mit ihren Problemen nicht alleine dastehen. In Zeiten großer emotionaler Not vermag schon diese Erkenntnis den Schmerz ein wenig zu lindern.

Der größte Wert dieses Buches liegt meines Erachtens jedoch in dieser Erkenntnis: Wir tragen das Potenzial, alle Fähigkeiten, die wir für ein glückliches, entspanntes und sinnerfülltes Leben brauchen, bereits in uns! Die Autoren

haben einen Weg aus dem Burnout gefunden. Indem sie darüber berichten, machen sie uns Mut, unseren eigenen Weg zu finden. Wir müssen diesen Weg nur gehen. Er beginnt mit dem ersten Schritt.

Viel Glück!

Ihre Doris Kirch

DFME - Deutsches Fachzentrum für Persönlichkeitsentwicklung, Stressbewältigung und Achtsamkeit

The day after

Im Jahr 1999 hätte mich der Burnout beinahe erwischt. Drei Jahre lang war ich als Engagement Direktor für einen US-Konzern weltweit unterwegs. 200 Hotelübernachtungen und 150 Flüge jährlich waren Routine. Die Stewardessen der Lufthansa sprachen mich mit Vornamen an. Eines morgens erwachte ich und wusste nicht mehr, wo ich war – in welchem Land, in welcher Stadt, in welchem Hotel. Es war auch nicht der erwartete Morgen. Es war der Morgen danach: **the day after**.

Volle 24 Stunden hatte ich durchgeschlafen, einen ganzen Arbeitstag verpasst - als Direktor eines US-Konzerns. Unzählige Anrufe und SMS waren auf meinem Handy eingegangen: Ich hatte nichts davon wahrgenommen. Drei Tage später stellte mein Hausarzt die Diagnose „totale körperliche und geistige Erschöpfung". Heute würde man Burnout dazu sagen. Dieses Ereignis veränderte mein Leben. Andere Manager hatten ähnliche Probleme. Fortan versuchte ich, die Faktoren „Mensch" und „Gesundheit" in meinen Arbeitsprozess zu integrieren. Vergeblich! Die Strukturen des Konzerns verhinderten dies. Die instinktiven Stressreaktionen sind Kampf oder Flucht: Ich entschied mich für die Flucht und habe den Konzern 2002 verlassen.

Nun gründete ich mein eigenes Beratungsunternehmen mit dem Schwerpunkt Krisenmanagement. Dort etablierte ich die Faktoren „Mensch" und „Gesundheit" als Schlüsselfaktoren für die Prävention und Bewältigung von Krisen. Anfangs wurde ich belächelt. Heute lacht niemand mehr. Es macht mich glücklich, gemeinsam mit den engagierten Partnern im Burnout-Zentrum e.V. ratsuchenden Einzelpersonen und Unternehmen Hilfe für die Prävention und Therapie von Burnout anbieten zu können.

Burnout 6.0

Die Bezeichnung „Burnout 6.0" steht für Wege zur psychischen Stabilität im Zeichen des sogenannten „sechsten Kondratieff". Der russische Wirtschaftswissenschaftler Nikolai Kondratieff beschrieb Konjunkturzyklen und -wellen zur Überwindung der kulturellen Probleme. Eines davon ist aktuell die zu geringe Gewichtung der Gesundheit. Sein Kollege Nefiodow zeigte auf, dass Gesundheit im ganzheitlichen Sinne – körperlich, seelisch, geistig, ökologisch und sozial – im 21. Jahrhundert Träger einer neuen langen Phase der Prosperität sein wird. Die Länder, Regionen, Unternehmen und Personen, die sich auf die neue lange Welle – den „sechsten Kondratieff – ausrichten, werden zu den Gewinnern gehören.

Gesunde Zukunft für Gewinner

Mit diesem Buch möchte ich gemeinsam mit dem Burnout-Zentrum e.V., für dessen Unterstützung ich mich herzlich bedanke, und den Autoren der Geschichten, denen meine Hochachtung für ihren Mut und ihr Engagement gilt, allen Burnout-Betroffenen und „Ehemaligen" Mut machen: Ihr seid nicht alleine. Es gibt professionelle Unterstützung, es gibt Hilfe zur Selbsthilfe. Diese zwölf Autoren haben es geschafft, ich habe es geschafft. Wir alle haben einen Weg gefunden, mit den Anforderungen des modernen Lebens wieder im Einklang zu sein.

Diese zwölf Autoren haben ihre Geschichte für Sie, liebe Leser, aufgeschrieben, um Ihnen Wege zu mehr Freiheit, Gesundheit und Selbstbewusstsein aufzuzeigen. Wenn sie es geschafft haben, einen Weg aus dem Burnout zu finden und künftig vorzubeugen, dann schaffen Sie das auch. Wenn Sie sich in belastenden Arbeits- und Lebenssituationen befinden, gibt es Wege, diese unbeschadet zu überstehen. Schöpfen Sie aus dem Quell der vorliegenden Erfahrungen. Indem Sie lernen, Burnout und psychischen Belastungen vorzubeugen, erwerben Sie das Rüstzeug für ein gesundes, glückliches Leben mit psychischer Stabilität und viel Lebensqualität.

Lassen Sie sich inspirieren, fangen Sie an: Nicht morgen, sondern heute! Für Ihren Weg wünsche ich Ihnen alles Gute!

Werden und bleiben Sie stark!

Ihr
Peter Buchenau

Vorstandsvorsitzender
Burnout-Zentrum e.V.
Europäischer Fachverband
für Stressbewältigung
und Burnoutprävention
www.burnoutzentrum.com

Alles im Leben hat einen Sinn.

Karin Weigl

Plötzlich und unerwartet

Es war ein trüber und kalter Freitag im Februar. Ich fand mich selbst komplett aus der Bahn geworfen beim Arbeitsmediziner in unserer Firma sitzend. Es war der Tag, an dem ich gemeinsam mit ihm und den Kollegen des Unternehmens eine Initiative für Mitarbeiter-Coachings vorstellen wollte.

Tags zuvor hatte ich Hals über Kopf mein Büro verlassen, nachdem mir beim Mittagessen mit Kollegen in der Kantine plötzlich schlecht geworden war.

Von einer Sekunde auf die andere sah ich mich wie eine fremde Person vom Mittagstisch in der Kantine aufstehen und mich von meinen Kollegen mit den Worten verabschieden: „Ich habe einen Termin übersehen!" Mir war nicht gut, meine Knie zitterten.

Nichts wie raus hier

Sofort musste ich ins Freie. Mit dem Lift fuhr ich in mein Büro in den sechsten Stock, holte meinen viel zu dünnen Mantel, fuhr wieder hinunter und ging hinaus. Ich brauchte kalte Luft. Es war halb eins. Um ein Uhr hatte ich ein Briefing mit einem bekannten Segler, der auf einem unserer Events sprechen sollte. Das Treffen war seit sechs Wochen vereinbart, und es war nicht leicht gewesen, einen gemeinsamen Termin zu finden. Dieses Gespräch musste ich unbedingt führen.

So drehte ich meine Runden durch das graue Betonburgenviertel. Zwischendurch läutete mein Handy. Mir war egal, wer mich anrief, ich musste Kräfte sammeln für den Termin. Mit offenem Mantel ging ich bei Minusgraden durch die Straßen und war froh, dass mein Körper langsam einfror. Somit musste ich nicht so viel Energie aufbringen, um mich zu kontrollieren, um nicht loszuheulen …

Bloß nichts anmerken lassen

Gerade rechtzeitig, als der Empfang meinen Gast telefonisch ankündigte, war ich wieder zurück und bat, ihn zu mir zu schicken. Zwischenzeitlich informierte ich meine Kollegen, die bei dem Termin dabei sein sollten. Halbwegs funktionierte ich wieder, obwohl ich erneut das Gefühl hatte, dass ich mich selbst aus einer anderen Perspektive bei meinen Aktionen beobachten konnte.

Unser Gast traf ein und ich fragte ihn, ob er einen Kaffee wolle. „Sehr gerne", sagte er, und wir gingen gemeinsam in die Kaffeeküche. Ausnahmsweise fand die Besprechung in meinem Büro statt. Da gerade das Nebenhaus abgerissen wurde, war der Lärm in den Konferenzräumen kaum erträglich. Auf der anderen Seite des Hauses, wo mein Büro lag, waren die Abbruchgeräusche gedämpfter. Jedoch wurde unser Bürogebäude immer wieder von Erschütterungen heimgesucht, wenn nebenan die Abrissbirne ein Loch in die Wand des Nachbarkomplexes riss.

Da der Termin in meinem Büro stattfand, kümmerte ich mich selbst um die Bewirtung unseres Gastes. Als ich der Espressomaschine einen Kaffee entlocken wollte, las ich auf dem Display: „Satzbehälter entleeren und reinigen." Mir schossen Tränen in die Augen. Plötzlich war mir alles zu viel, und ich verstand mich selbst nicht mehr. Wieso warf mich das derart aus der Bahn?

Wie vom Himmel geschickt, stand plötzlich ein Kollege neben mir, den ich mit viel Kraft lachend bat, die Aufgabe zu übernehmen. Selber war ich nicht in der Lage, die Maschine wieder in Gang zu setzen. Nach wenigen Minuten konnten wir die Kaffeeküche mit einem Kaffee für meinen Gast verlassen. Smalltalk auf dem Weg ins Büro. Worüber wir sprachen? Keine Ahnung. Zu sehr war ich damit beschäftigt, niemanden merken zu lassen, dass mir das Wasser in den Augen stand.

Ich kann nicht mehr

In meinem Büro warteten schon die anderen. Das Gespräch begann. Von ganz weit weg hörte ich mich reden und fühlte mich wie in einer Wattewolke. Keiner schien etwas zu bemerken. Irgendwann wurde die Anstrengung zu groß und ich verlor den Faden. Niemand schien Notiz davon zu nehmen. Die anderen übernahmen das Gespräch und führten das Briefing zu Ende. Nach einer knappen Stunde waren wir fertig, meine Erinnerung an das Besprochene blieb lückenhaft. Um möglichst schnell wieder allein zu sein, verabschiedete ich meinen Gast. Die Kollegen standen noch im Gang, und wir hatten eine kurze Nachbesprechung. Dann kehrte jeder an seinen Platz zurück.

Rasch schloss ich die Tür und riss das Fenster auf. Tränen standen in meinen Augen, und ich wusste nicht, warum. Sicher wusste ich nur, dass mir alles zu viel war … Meinen Kopf hielt ich – wie so oft in den Wochen zuvor – aus dem Fenster. Langsam fror mein Gesicht ein, und der Drang zu weinen ließ nach.

So wandte ich mich wieder meinem Notebook zu und sah mir an, was sich in der Zwischenzeit getan hatte. Mehr als 20 Mails seit dem Mittagessen vor zwei Stunden. In einer E-Mail mahnte jemand einen Bericht an, den ich zwei Tage zuvor an diese Person geschickt hatte. Mir fehlte die Kraft, die Mail zu suchen, um sie nochmal zu schicken. Ich fühlte mich völlig ausgelaugt und kraftlos, dabei war gerade mal der halbe Arbeitstag um. Wieder stiegen Beklemmung und Übelkeit in mir hoch.

Mein Terminkalender signalisierte noch zwei Meetings am Nachmittag. Einen Kollegen, mit dem ein Gespräch vereinbart war, bat ich, dieses auf die folgende Woche zu verschieben. Er sah mich prüfend an und fragte, ob denn alles in Ordnung sei, ich sähe nicht gut aus. So sagte ich ihm, dass ich mich nicht wohl fühle und nach Hause gehen wolle. Wir verschoben den Termin. Dass er nie wieder stattfinden würde, ahnte ich damals nicht.

Einfach nur schlafen

Zurück in meinem Zimmer packte ich mein Notebook und das Nötigste an Unterlagen ein. Es war Donnerstag Nachmittag und ich würde ja am Montag spätestens wieder da sein. Wir waren gerade mitten in der Planungsphase für das zweite Quartal. Mein Team und ich wollten am folgenden Dienstag den New Yorker Kollegen die komplett überarbeitete Marketingplanung präsentieren. Also nahm ich die Arbeit mit nach Hause. Es würde ein arbeitsreiches Wochenende werden. Egal. Jetzt musste ich gehen und schlafen und alles vergessen. Zumindest für ein paar Stunden. Dann würde alles besser sein.

Im Mantel und mit gepackter Tasche sah ich noch bei meinen Mitarbeiterinnen vorbei, die mich entsetzt anschauten. „Was ist denn passiert?", fragten sie. „Ist jemand gestorben? Du bist ganz bleich." „Nein", schwächte ich ab, „ich fühle mich nicht wohl und werde mich übers Wochenende auskurieren. Wenn Ihr etwas braucht, ruft mich an." Mit dem Lift fuhr ich ins Tiefgeschoss, stieg ins Auto und fuhr wie in Trance heim.

Dort ließ ich mich auf mein Sofa fallen und starrte die Wand an. Schon wieder. Diesen Zustand kannte ich schon aus den vorangegangenen zwei Jahren, als ich immer wieder abendelang in der dunklen Wohnung saß und mich nicht bewegen konnte. Damals hatte ich das Bedürfnis, spazieren oder laufen zu gehen. Heute war allein der Gedanke, mir meine Laufschuhe anzuziehen, zu viel.

Keine Lösung in Sicht

Also saß ich da und starrte an die Wand. Mir war bewusst, was ich da gerade tat, aber ich konnte mich nicht bewegen, nichts dagegen tun. Ich saß da und konnte nicht mal weinen. All die Tränen, die ich so mühevoll unterdrückt hatte, waren nicht mehr verfügbar. Es war mir klar, dass es so nicht weitergehen konnte. Aber wie sonst?

Eine Antwort hatte ich nicht. Einfach aussteigen, mein Team hängen lassen – unmöglich. Wer sollte das alles übernehmen? Mich so einfach aus der Verantwortung zu stehlen, war doch nicht die

Lösung! Anfangs war ich der Ansicht, dass mich nur der Job so belastete, obwohl er mir auch gleichzeitig großen Spaß machte und ich mich sehr engagierte. Meine Karriere hatte sich rasant entwickelt, obwohl es zu Beginn nicht danach ausgesehen hatte. Mit der Beförderung zur Marketing-Direktorin schien mein Traum in Erfüllung gegangen zu sein.

Verdrängte Gefühle kommen ans Licht

Der Job füllte mich aus. Gemeinsam mit meinem Mann investierte ich viel Zeit und Energie, sowohl in die eigene Weiterbildung als auch in unsere Rucksack-Reisen nach Asien. Es gab so viele Dinge, die uns interessierten. Dem Thema Beziehung konnte ich mich damals gedanklich nicht widmen. Es schien alles gut zu laufen.

Lange wollte ich nicht wahrhaben, dass meine Ehe ein wesentlicher Faktor war, der mich belastete. Nicht, weil sie so furchtbar und unerträglich war. Aber ich hatte das Gefühl, für mich die falsche Entscheidung getroffen zu haben, nicht ehrlich zu mir selbst und meinem Mann gewesen zu sein. Ich wollte einfach, dass unsere Ehe funktionierte und ich darin glücklich war. Je mehr ich mich jedoch bemühte, desto schwieriger wurde es, desto mehr Energie musste ich aufwenden, um mein Leben in der Balance zu halten.

Immer wieder stand ich damals weinend in unserer Wohnung und schickte ein Stoßgebet zum Himmel. Ich bat darum, einen Weg aus dieser Partnerschaft zu finden. Der mir Kraft geben würde, all die Habseligkeiten auseinander zu dividieren, so dass eine Trennung für uns beide gut über die Bühne gehen könnte. Mein Verhalten meinem Mann gegenüber empfand ich als unfair, was mich enorm belastete. Ich fühlte mich eingesperrt und wollte nicht wahrhaben, dass genau dieses Gefühl mich bedrückte und mir zusehends mehr die Freude nahm. Nach außen hin war ich gut drauf. Niemand schien etwas zu bemerken.

Darüber reden konnte ich auch nicht, weil ich mir das Kernproblem lange nicht eingestehen konnte. Hinzuschauen gelang mir nicht, zu viel stand auf dem Spiel. So hielt ich alles versteckt, beherrschte mich und redete mir ein, dass mein Leben okay war. Sukzessive nahm ich wahr, dass ich weniger und weniger belastbar wurde. Das kannte ich von mir gar nicht. Langsam, aber stetig wurde mir alles zu viel: der Stress im Büro, zu wenig freie Zeit für mich, meine Beziehung …

Der Knoten platzt

Dann kam der Tag, an dem ich mich von meinem Mann trennte. Wenn mir jemand in der Frühe gesagt hätte, dass ich am Abend den Schlussstrich unter meine Ehe setzen würde, ich hätte es nicht geglaubt. Eine Kleinigkeit hatte den Auslöser gegeben. Alles brach aus mir heraus, ich konnte einfach nicht mehr. Wie mir geschah, wusste ich selbst nicht.

Für ihn war es furchtbar, und er machte mir Vorwürfe, ihm nie etwas darüber gesagt, ihm nie eine wirkliche Chance gegeben zu haben. Zu Recht. Damals war ich der Meinung, immer gesagt zu haben, wie es mir ging. Heute weiß ich, dass ich das zwar so wahrgenommen hatte, mir aber nicht bewusst war, was ich alles nicht deutlich gesagt oder nur zwischen den Zeilen angedeutet hatte. Und dabei erwartet hatte, es mir so sehr gewünscht hatte, verstanden zu werden. Damals spürte ich nur, dass mein Mann mich nicht verstand, trotz meiner verzweifelten Versuche, ihm auf meine Weise klar zu machen, wie es mir ging. Und ich fand keine Alternative, mit ihm zu kommunizieren, fühlte mich ohnmächtig und unverstanden.

Kettenhemden

In den Wochen nach der Trennung war es, als sei ein Kettenhemd von mir abgefallen. Das Leben bekam wieder Farbe, und im Job ging alles scheinbar viel leichter. Dann kam der Sommer, und ich zog aus. Mein Mann und ich hatten einen sehr freundschaftlichen Modus miteinander gefunden. Für den Sommer hatte ich schon zwei Monate Urlaub für eine Auszeit, ein Sabbatical beantragt. Ursprünglich hatten wir geplant, den Urlaub in der Mongolei und am Baikalsee zu verbringen. Nach der Trennung war die Reise vom Tisch, und so hatte ich den Sommer für mich in meiner neuen Wohnung. Ein neuer Anfang, ich fühlte mich unglaublich befreit!

Wie das Leben manchmal so spielt, lernte ich bald einen anderen Mann kennen. Der Blitz schlug bei uns beiden ein und es schien die Beziehung zu werden, die ich mir erträumt hatte. Erst später erfuhr ich, dass er verheiratet war. Zwar wollte er sich trennen, aber die Monate vergingen und nichts bewegte sich. Er brachte es nicht übers Herz, seine Frau zu verlassen.

Langsam spürte ich wieder das Kettenhemd, nahm es wahr und dann auch wieder nicht. Wieder begann ich, mich hilflos und verlassen zu fühlen. Noch immer wollte ich es nicht akzeptieren. Hin- und hergerissen zwischen der Sinnlosigkeit einer Liebe zu einem verheirateten Mann einerseits und den starken Gefühlen und vielen schönen Momenten mit ihm auf der anderen Seite zerrten wir monatelang aneinander herum. „On", „Off" – immer mehr spürte ich, wie meine über den Sommer gesammelten Kräfte wieder nachließen, da ich auch im Job durch einige Veränderungen gefordert war.

Das Leben holt mich wieder ein

Im Dezember kam der Tag meiner Scheidung. Mein Mann und ich hatten unsere freundschaftliche Basis beibehalten. Er hatte mittlerweile eine neue Beziehung. Die Scheidung wurde rasch und einvernehmlich abgewickelt. Mir ging es nicht gut an diesem Tag. Meine Kraftreserven schienen weiter aufgebraucht. Über das Scheitern meiner Ehe war ich sehr traurig, alles kam gleichsam nochmal hoch. Meine neue Beziehung war keine. Beruflich gab es wieder eine heiße Phase, in der es sehr viel zu tun gab. Wieder kamen Veränderungen auf mich zu. Ich hatte genug von Veränderungen und sehnte mich nach Stabilität.

Nach dem Gerichtstermin fuhr ich zurück ins Büro. Meine letzten zwei Urlaubswochen verbuchte ich kurzfristig für die Weihnachtszeit: Aus all dem Durcheinander musste ich heraus.

Nach zwei Wochen Urlaub bei meinen Eltern saß ich in meinem Büro. Ein Kollege sagte: „Du siehst ja furchtbar aus. Mach doch mal Urlaub." Müde lächelte ich und antwortete: „Mein Urlaub ist gerade erst vorbei." Wieder stiegen mir Tränen in die Augen, ich öffnete wieder einmal das Fenster und kühlte mein Gesicht in der Winterluft.

Meine „Beziehung" flammte wieder auf, um wenige Wochen später erneut ins Kippen zu geraten. Dass mich diese Partnerschaft zu viel Kraft kostete, war mir bewusst. Dennoch konnte ich sie aus irgendwelchen Gründen nicht beenden. Das kannte ich von mir in dieser Form nicht. Normalerweise traf ich Entscheidungen und zog sie durch. Aber was war jetzt schon normal? Normalerweise hätte ich mich vermutlich auch nicht scheiden lassen, denn normalerweise stehe ich zu meinen Entscheidungen.

Der Druck nimmt zu

Im selben Monat spitzte sich alles zu. Der Druck in der Firma stieg weiter. Die Wirtschaftskrise hatte Folgen, einige Arbeitsprozesse und Entscheidungsspielräume veränderten sich. Emotional befand ich mich im Chaos. Körperlich machte sich wieder die Erschöpfung breit. Ich fühlte mich dem allem kaum mehr gewachsen. Jede auch noch so kleine Unwägbarkeit wurde zum riesigen Hindernis.

Morgens auf dem Weg ins Büro erledigte ich keine Anrufe mehr, wie in den Jahren zuvor. Wie in Trance fuhr ich zur Arbeit. Beantwortete dort immer weniger Mails, kümmerte mich nur noch um die großen Angelegenheiten und bemerkte, wie ich begann, Details zu vernachlässigen. Das belastete mich zusätzlich. Ich spürte die immer größer werdende Kluft zwischen meinem Perfektionismus und dem schwindenden Durchhaltevermögen.

Nach außen ging trotzdem alles gut, da man von mir gewohnt war, weit mehr als 100 Prozent zu bekommen. Wahrscheinlich leistete ich immer noch mehr als notwendig, aber mir selber schien es zu wenig zu sein. Nach außen, vor meinem Team und den Kollegen, versuchte ich den Schein zu wahren, was mir gut gelang.

Im Kaschieren war ich Meisterin. Erst Monate später wurde mir so richtig bewusst, was ich vor meiner Umwelt verborgen hatte: äußerlich immer gut drauf und belastbar, innerlich den Tränen nahe und am Ende meiner Kräfte.

Vor dem Schlafengehen hatte ich Angst. Nicht vor schlechten Träumen, sondern vor dem Aufwachen, dem nächsten Tag und all dem, was dann auf mich zukommen würde. Angst vor den Dingen, mit denen ich mich wieder auseinandersetzen müsste. Es war doch ohnehin schon so viel.

Mir ist alles egal

So ging das bis zu jenem Tag, an dem ich mein Büro verließ, um dann den Nachmittag an die Wand starrend auf meinem Sofa zu verbringen. Seltsamerweise spürte ich mein Verantwortungsgefühl nicht mehr. Wo war es hin? Dieser starke Motor, der mich die ganzen Jahre angetrieben hatte? „Irgendjemand wird das übernehmen", schoss es mir durch den Kopf. „Selber kann ich das nicht mehr." Verzweifelt und verwirrt wie ich war, merkte ich zuerst nicht, dass das Telefon läutete. Mein Ex-Mann. Wie so oft hatte er gespürt, dass ich wieder in einem solchen Zustand war. So musste ich ihm versprechen, am nächsten Tag zum Arbeitsmediziner zu gehen, mich krankschreiben zu lassen und mich danach bei ihm zu melden. Es habe keinen Sinn mehr, auf diese Art weiterzumachen, meinte er. Da ich keine Ahnung hatte, was ich sonst hätte tun sollen, folgte ich seinem Rat.

So suchte ich am nächsten Morgen den Arbeitsmediziner auf. Mich überhaupt auf den Weg zu machen, war eine gewaltige Anstrengung. Nach dem Aufstehen brauchte ich fast eine Stunde, bis ich in der Lage war, zu duschen. Allein die Entscheidung „Was soll ich anziehen?" und „Soll ich meine Haare waschen oder nicht?" stresste mich so sehr, dass ich zunächst voll innerer Unruhe nur in der Wohnung umherging. Erst als ich mir sagte, dass meine Kleidung nicht so wichtig ist, war der Weg in die Dusche frei. So beobachtete ich mich selbst und war alarmiert. Als Coach und Lebensberaterin war mir bewusst, was in diesem Moment in mir ablief. Gleichzeitig konnte ich nichts dagegen tun, fühlte mich orientierungslos. Etwas, was ich in meinem Leben in dieser Form noch nicht kennengelernt hatte.

Weichenstellung für die Gesundung

„Was machen Sie denn jetzt schon hier? Unser Termin ist doch erst um halb elf!" hörte ich den Arbeitsmediziner sagen. Verwirrt schaute ich ihn an. Dann fragte er: „Wie geht es Ihnen denn?" Daraufhin wurde ich von einem Weinkrampf geschüttelt. All die aufgestauten Tränen brachen aus mir heraus. Dabei zitterte ich so stark, dass ich nicht einmal eine Packung Taschentücher öffnen konnte. „So geht das nicht weiter, Sie müssen da raus. Mindestens für drei Monate." Seine Worte hörte ich zwar, aber sie kamen bei mir nicht an. „Wenn Sie das sagen, dann wird es wohl so sein", sagte ich schluchzend. „Zumindest drei Monate, aber stellen Sie sich eher auf fünf Monate ein", ergänzte er noch.

Die nächsten eineinhalb Stunden klärten wir die organisatorische Situation. Er informierte sich über mein Arbeitssystem und wir besprachen Dinge, die ich nur noch bruchstückhaft in Erinnerung habe.

Im Rahmen meiner Ausbildungen zur Beraterin hatte ich zuvor viel Zeit in die unterschiedlichsten Arten von Selbsterfahrung investiert. Mir war klar, was die Auslöser und was mein eigener Anteil an diesem Zustand waren. Aus diesem Grund wurde mir mitgeteilt, dass ich weder eine Psychotherapie bräuchte, noch Medikamente nehmen müsste. Mir wurden „Ruhe" und „auf mich schauen" verschrieben. Es war ein konstruktives Gespräch, in dem ich mich ein Stück weit fing.

Denkverbot

„Und in den nächsten Wochen denken Sie Zuhause nicht darüber nach, wie es weitergehen kann. Ich verordne Ihnen ein Denkverbot. Jetzt achten Sie auf sich und tun nur das, was Ihnen gut tut. Alles andere wird sich finden", gab mir der Arbeitsmediziner mit auf den Weg. Er überwies mich an eine praktische Ärztin, um mich offiziell krankschreiben zu lassen.

Ich bin nicht allein

Da ich niemanden von den Kollegen treffen wollte, schlich ich mich aus dem Firmengebäude. Nach mehr als einer Stunde Weinen musste ich furchtbar ausgesehen haben und wollte mir Erklärungen ersparen. Auf dem Weg zur Ärztin rief ich meine Eltern und meine Schwester an und informierte sie, dass ich nun längere Zeit nicht arbeiten würde.

Sie gingen, wie erwartet, sehr feinfühlig mit dieser Nachricht um. Wir haben ein sehr inniges Verhältnis zueinander. Meine Eltern leben zwei Autostunden entfernt. Sie betonten, dass ich jederzeit kommen könne, wenn ich das Gefühl hätte, ihre Unterstützung zu brauchen, dass sie aber auch verstehen würden, wenn das Packen und die Autofahrt derzeit zu viel für mich wären. Wenn sie kommen sollten, um mich zu unterstützen, bräuchte ich nur Bescheid geben.

Zu diesem Zeitpunkt hatte ich keine Ahnung, was ich brauchte, teilte ihnen dies mit und kündigte meinen Besuch an, sobald ich mich dazu in der Lage fühlte. Dann rief ich meinen Ex-Mann an, um ihm ebenfalls zu sagen, dass ich krankgeschrieben war. Er war erleichtert und meinte, wir sollten uns am Nachmittag zumindest kurz treffen.

Der Termin bei der Ärztin war unkompliziert. Sie war bereits informiert, und ich musste nicht mehr viel erzählen, erklären oder mich rechtfertigen. Mir hätte ohnehin die Kraft dazu gefehlt, und mir war alles egal. Auch diese Situation erlebte ich wie in einem Film. Mit der Krankmeldung und einem neuen Termin drei Wochen später fuhr ich nach Hause.

Die Karten auf den Tisch

Vor dem Treffen mit meinen Ex-Mann wollte ich noch ein wenig schlafen. So legte ich mich auf mein Bett – und sprang gleich wieder auf. Stillsitzen oder ruhig liegen war mir nicht möglich. Alles in mir war in Aufruhr. Es kribbelte und wirbelte in mir herum. Einerseits erschöpft, musste ich mich doch bewegen. Weil ich nicht wusste, was ich tun sollte, lief ich in meiner Wohnung im Kreis.

Um meinen Kopf ein wenig zur Ruhe zu bringen und mich abzulenken, griff ich zum Telefon. Jeder einzelnen Mitarbeiterin erklärte ich, dass ich die nächsten Monate nicht in die Firma kommen würde. Es war mir ein großes Anliegen, ihre Fragen zu beantworten. Sie sollten wissen, was Sache war, dies von mir selbst erfahren und offen damit umgehen. Es gab nichts zu beschönigen oder zu verschleiern. Es war, was es war: Diagnose Burnout.

Mehrere Stunden lang telefonierte ich. Das war ein riesiger Kraftakt. Während ich durch die Wohnung ging, erzählte ich alles immer wieder, beantwortete dieselben Fragen. Im Anschluss an die Gespräche hinterließ ich noch Nachrichten auf den Mobilboxen meines ehemaligen Chefs und Mentors sowie meines Vorgesetzten, die mich dann beide bald darauf zurückriefen.

Zeit für mich

Danach war mein Kopf leer. Das Gedankenkarussell schien vorerst zur Ruhe gekommen zu sein, körperlich war ich so müde wie zuvor. Endlich konnte ich mich auf mein Sofa setzen. Irgendwie hatte ich wieder einmal das Gefühl, nicht ganz in meinem Körper zu sein, aber das war in diesem Moment irgendwie auch ganz angenehm.

Mein Ex-Mann und ich trafen uns in einem Kaffeehaus in der Nähe. Er meinte, ich sehe sehr mitgenommen aus. Das erstaunte mich. Kurz vor dem Weggehen fand ich, dass ich im Vergleich zu den Tagen davor recht frisch aussah, obwohl ich mich nicht so fühlte.

Schon bald war ich wieder zu Hause. Das war alles so unglaublich anstrengend. Es war 19 Uhr, als ich mich erschöpft und verwirrt ins Bett legte. Die anstehende Marketingplanung samt Präsentation ging mir durch den Kopf. Dann erst erinnerte ich mich an das so unerwartet arbeitsfreie Wochenende. Zeit! Zeit nur für mich.

Mein Kopf begann langsam zu verstehen, dass ich am Montag nicht ins Büro gehen würde und am Dienstag nicht und die nächsten Montage und Dienstage auch nicht. Aber so richtig angekommen war das noch nicht. Immer noch spürte ich den Druck, die Arbeitsmenge bewältigen zu müssen, die sich bis vor wenigen Stunden noch drohend vor mir aufgetürmt hatte.

Was tut mir gut?

Noch vor halb acht Uhr abends schlief ich ein und wachte ziemlich exakt zwölf Stunden später auf. Samstag. Sofort kam zunächst der tägliche Horror wieder hoch, den ich die letzten Wochen erlebt hatte. Dann die Erleichterung. Ach ja, ich musste ja nicht arbeiten. Und mich auch nicht mit der Planung beschäftigen. Sondern nur machen, was mir gut tat und mich um mich selbst kümmern. Das waren die Worte des Arbeitsmediziners. Kurzfristig ließ der Druck nach.

Um dann durch Verwirrung ersetzt zu werden. Was sollte ich mit dem Tag, dem Wochenende anfangen? Worauf hatte ich Lust? Ich sah in den grauen Himmel. Keine Ahnung. Von einer Sekunde auf die andere hatte ich keinen Rhythmus, keinen klaren Inhalt mehr in meinem Leben. Es gab keinen Druck von außen, was zu tun war, keine anderen Vorgaben. Im Bett hielt ich es nicht mehr aus. Da war wieder diese Unruhe. Der Kopf arbeitete auf Hochtouren, innerlich vibrierte alles. Wieder schien ich nicht in meinem Körper zu sein.

Dem Tag Struktur geben

Zunächst zwang ich mich zu duschen und machte mich zurecht, als wäre dies ein ganz normaler Tag. „In Ordnung", sagte ich mir, „wenn dir das mit dem Burnout jetzt schon selbst passiert ist, dann nutze diese Erfahrung. Mache dein eigenes Lernprojekt daraus und entwickle eine Strategie, wie du da wieder herauskommen kannst." Also begann ich, mich selbst genau zu beobachten.

Die kommenden Wochen lernte ich als intensives persönliches Entwicklungsprojekt anzunehmen – mit allen Höhen und Tiefen.

Das erste, was ich benötigte, war eine Struktur meines Tagesablaufs. Als begeisterte Läuferin ging ich im Normalfall drei bis vier Mal pro Woche laufen. In den letzten Jahren war das zu kurz gekommen. Laufen war in der aktuellen Phase allerdings nicht möglich. Dazu fehlten mir die Kraft und die Motivation. Also überlegte ich mir eine Alternative. Da ich die meiste Zeit das Gefühl hatte, es in meinem Körper nicht auszuhalten, war für mich klar, dass ich dringend Bewegung benötigte, um auf natürliche Art zu ermüden und mein Gehirn mit Endorphinen zu versorgen. So beschloss ich, zumindest viel spazieren zu gehen.

Dem Biorhythmus folgen

Nun begannen meine Tage um halb acht Uhr, der eigentlich perfekten Zeit für meinen Biorhythmus. Nach dem Aufwachen fiel ich jedoch täglich in ein tiefes emotionales Loch. Dem konnte ich nur begegnen, indem ich es zur Kenntnis nahm und trotzdem aufstand. Dann duschen, schminken und anziehen, wie an einem normalen Arbeitstag. Im Anschluss erst einmal heißer Tee, um mich von innen aufzuwärmen. Frühstück war noch nie mein Ding, also verzichtete ich darauf.

„Mich nur nicht gehen lassen", sagte ich mir. Tief in mir spürte ich, dass das längerfristig zum Erfolg führen würde. Momentan war jedoch die kleinste Routine die größte Anstrengung für mich. In den ersten Tagen war es eine Herausforderung zu überlegen, was ich essen oder wen ich treffen wollte. Für mich selbst zu kochen war in diesen ersten Wochen nicht drin. Also überlegte ich mir, worauf ich Appetit hatte und suchte mir dann ein angenehmes Lokal mit hochwertiger Küche. All diese Dinge liefen mechanisch ab. Sie waren wichtig, weil sie mir Struktur gaben. Das Wetter machte es mir auch nicht leichter, denn es schneite oder regnete so gut wie täglich. In den ersten sechs Wochen meiner Arbeitsunfähigkeit kann ich mich an keinen Sonnentag erinnern. Wetterfeste Jacke und Trekkingboots waren meine täglichen Begleiter.

Ziele und Tagesroutine

Jeden Tag überlegte ich mir ein Ziel und verließ die Wohnung um neun Uhr morgens. Weil ich keine Energie hatte, um mit dem

Auto in die Natur zu fahren, wollte ich möglichst wenig Aufwand betreiben und gleich von zu Hause losgehen. So suchte ich mir lange Routen durch die Stadt, die mich auf Umwegen zu meinem jeweils ausgewählten Mittagslokal führten.

Um mich herum brauchte ich Menschen und den Anschein von Normalität, obwohl oder gerade weil sich in mir gar nichts normal anfühlte. So bemühte ich mich, zum Mittagessen oder zumindest zum Nachmittagskaffee irgendjemand aus meinem Freundes- oder Bekanntenkreis zu treffen. Da ich alleine lebte, war es mir wichtig, auf Sozialkontakte zu achten und mich nicht komplett zurückzuziehen. Der Weg in ein normales Leben konnte für mich nur so funktionieren.

Nach den Treffen ging ich langsam wieder zurück nach Hause. Dort konnte ich mich endlich ruhig aufs Sofa setzen. Die Gedanken waren zur Ruhe gekommen und mein Körper war müde. Das fühlte sich angenehm an. Dann checkte ich kurz meine privaten Mails und schaltete danach den Fernseher ein. Das war meine Routine in den ersten acht Wochen. Jeden Tag dasselbe. Im Schnitt war ich pro Tag fünf bis sechs Stunden zu Fuß unterwegs, bei Wind und Wetter.

Denken verboten!

Lesen war in dieser Zeit nicht möglich. In meinem Kopf war ein einziges Durcheinander, das keinen neuen Input ertragen konnte. So las ich nur kurze und seichte Artikel in Magazinen. Vor dem Fernseher schlief ich meist ein. Am Abend wegzugehen war nicht drin. Einmal in diesen Tagen war ich mit einer Freundin im Kino und nach dem Film körperlich und geistig so erschöpft, dass ich kaum den Weg nach Hause schaffte. Immer wieder kamen Gedanken hoch, wie es denn weitergehen sollte und könnte. Und immer wieder musste ich mich an die Worte des Arbeitsmediziners erinnern: „Die ersten fünf Wochen denken Sie nicht drüber nach, wie es weitergehen kann. Ich verordne Ihnen ein Denkverbot." Damit konnte ich die sich aufdrängenden Gedanken auch wirklich ziehen lassen.

Langsam kehrt die Energie zurück

In diesen ersten Wochen gab es Tage, da war ich ein wenig länger und Tage, da war ich kürzere Zeit unterwegs. Tage, da ging es mir psychisch besser und Tage, da ging es mir psychisch schlechter. Ich beobachtete meine Entwicklung. Ein Jahr zuvor hatte ich mit Shiatsu-Massagen begonnen, deren Frequenz ich während meiner Rekonvaleszenz auf zwei Mal pro Woche erhöhte. Ich spürte, wie gut mir das tat und wie ich schon nach kurzer Zeit in der Lage war, meinen körperlichen und seelischen Energielevel zu steigern. Diesen konnte ich dann gerade mal drei Tage lang halten – bis zum nächsten Termin.

Die energetische Arbeit mit dem Körper stellte sich für mich als essenziell heraus. Nach mehr als zwei Monaten Krankenstand begann ich, auch zu psychokinesiologischen Sitzungen zu gehen und an meinen Beziehungsthemen zu arbeiten. Langsam war ich in der Lage, über meine Zukunft nachzudenken. Der Morgen-Blues blieb aus. Meine körperliche Kraft kam wahrnehmbar zurück. Nach mehr als drei Monaten konnte ich dann zum ersten Mal wieder Laufen gehen und spürte meinen Körper in einer neuen Qualität.

Wieder zurück in die Firma?

Zu Beginn meiner Arbeitsunfähigkeit hatte ich einige private Dinge im Büro zurückgelassen. Immer wieder überlegte ich, ob ich sie holen sollte. Doch allein der Gedanke, in die Firma zu fahren, stresste mich so, dass ich bis zum Schluss nicht wieder ins Büro fuhr. Mir war klar, dass ich mich zwar körperlich und seelisch wesentlich besser fühlte, mich aber irgendein Gefühl daran hinderte, in die Firma zu fahren.

Dieses Gefühl wurde zum Indikator für meine Entscheidungen, wie es weitergehen sollte. Nach vier Monaten fühlte ich mich zwar so gut wie gesund, konnte mich aber noch immer nicht mit dem Gedanken anfreunden, ins Büro zu fahren. Es schien mir, dass sich das noch Monate lang hinziehen könnte. Ich war mir nicht sicher, ob sich das jemals wieder geben würde.

Mein Bedürfnis nach Klarheit wurde immer stärker. Sollte ich kündigen? Mein Team war nun schon seit Monaten unter den Fittichen eines ausländischen Kollegen, der seine Führungsrolle über die Entfernung hinweg wahrnehmen konnte. Diesen Interims-Zustand wollte ich weder für mich noch für mein Team länger aufrechterhalten. Nicht weiter auf den Tag warten, von dem ich nicht einschätzen konnte, ob er jemals wieder kommen würde: der Tag, an dem ich bereit sein würde, in diesen Job zurückzugehen.

Neubeginn

Nach einem wochenlangen Entscheidungsprozess bot ich der Firma meine Kündigung an. Knapp viereinhalb Monate waren seit meiner Krankschreibung vergangen. Den Sommer über wurde ich freigestellt. Am letzten offiziellen Arbeitstag im September verabschiedete ich mich, wie in der Firma üblich, mit einem Fest. Das fiel mir nicht leicht, und noch Monate danach waren Gedanken da, ob diese Entscheidung nicht zu voreilig gewesen war. In diesen Phasen war es mir wichtig, mich an das Gefühl aus der Zeit vor und während meines Burnouts zu erinnern. Dieses überzeugte mich davon, dass meine Entscheidung richtig war. Jetzt wollte ich nach vorne schauen und endlich den lange angedachten Weg in die Selbstständigkeit als Unternehmensberaterin und Coach einschlagen.

Resümee

Burnout hat den Nimbus, dass er vor allem Workaholics trifft. Er wird oft assoziiert mit Personen, die vermeintlich karrieresüchtig sind und für ihr Weiterkommen über Leichen gehen. Selber habe ich oft erlebt, dass ich als Karrierefrau abgestempelt wurde, als jemand, der hart zu sich und anderen ist und nur seine Arbeit im Kopf hat. Diese Assoziation hat vermutlich auch damit zu tun, dass ein solcher Mensch sich nicht so leicht unterkriegen lässt und möglicherweise kontinuierlich über die eigenen Grenzen geht, ohne es zu merken. Das Ausbrennen kommt, wenn der Betreffende die persönlichen Grenzen zu lange missachtet – entweder, weil er sie nicht wirklich kennt, oder weil er glaubt, alles leisten zu müssen, was von ihm gefordert wird.

Viele von uns haben nicht gelernt – oder verlernt – zu erkennen, wann die eigenen Grenzen erreicht sind, wann etwas zu viel ist, wann etwas nicht gut tut. Lange dachte ich, dass ich meine Grenzen kenne: ein Irrtum.

Aus meinem Burnout habe ich viele Erkenntnisse mitgenommen. Eine relativ unmittelbare Einsicht war, dass es möglich ist, auch ein zweites Mal wieder hinein zu rutschen. Stress kann überall lauern und ist oft so subtil vorhanden, dass wir ihn zunächst nicht erkennen oder wahrhaben wollen. Auch heute noch bin ich immer wieder aufs Neue gefordert darauf zu achten, wann meine Grenzen erreicht sind. Mittlerweile weiß ich, dass ich dann körperlich müde bin und auf Dinge, die mir sonst Freude bereiten, keine Lust mehr habe. Dies sind erste Warnsignale geworden, die ich wahrnehme und respektiere. Meist ziehe ich mich ein paar Tage zurück, verbringe die Abende zu Hause, nehme mir mehr Zeit – und überarbeite meinen Terminkalender. Früher habe ich dieses körperliche Gefühl nicht wahrgenommen. „Ich bin stark, ich schaffe das schon", war mein Credo. Und ich hatte ja auch alles geschafft, bis zu jenem Tag, an dem plötzlich nichts mehr ging.

Es passiert schnell, wieder in alte Muster zu fallen und für eine Sache, die vermeintlich wichtig ist, die eigenen Bedürfnisse hinten anzustellen. Oder sich für andere Menschen zu verausgaben. Um auf sich selbst zu achten, muss das eigene Verhalten aufmerksam reflektiert werden. Wesentlich ist es auch, sich einzugestehen, wann das eigene Limit erreicht ist. Das ist für viele Menschen ein längerer Lernprozess, der Wiederholungen einfordert, bis man ihn im tiefsten Inneren verstanden hat.

Alles im Leben hat einen Sinn.

Mag. Karin Weigl, MSc, 40 Jahre, arbeitet als selbstständige Unternehmensberaterin, systemischer Wirtschaftscoach, Lebensbera- terin, Kinesiologin und Trainerin mit dem Schwerpunkt auf Führungs- kräfteentwicklung, Karriere- und Persönlichkeitscoaching sowie Burnout- Prävention und -Begleitung in Wien. Nach ihrem Anglistikstudium, einem wirtschaftlichen Post-Graduate-Lehrgang und diversen Tätigkeiten in der Wirtschaft war sie mehrere Jahre in einer Management-Position in einem internationalen Konzern tätig, bis sie in einen Burnout geriet und lernte, diesen zu überwinden. Seit Jahren begleitet sie Menschen in ihren persönlichen Veränderungsprozessen.

Es ist der Geist, der sich den Körper baut.

Friedrich Schiller

Im Keller des Lebens mit 28 Jahren

Vor zwei Jahren begann meine Geschichte – im Keller meines Lebens: Depressionen, Selbstmordgedanken, zerstörte Existenz, keine Wohnung, kein Geld, körperlich und seelisch total am Boden, aufgedunsen von Medikamenten und ohne Aussicht auf eine glückliche Zukunft.

Wie kommt es dazu, dass ein 28-Jähriger mit einer sehr erfolgreichen Vergangenheit im Keller seines Lebens sitzt? Heute fällt es mir schwer zu glauben, dass ich dort war. Meine Geschichte zeigt, dass es jeden treffen kann – in jeder Sekunde.

Deutscher Meister

Mein Leben war immer spektakulär – schnell, erfolgreich und mit vielen Highlights gespickt. Bei meinem Zusammenbruch vor drei

Jahren lagen 18 Jahre Leistungssport hinter mir. Etliche Siege, ein Deutscher Meistertitel und Vizemeisterschaften waren die Höhepunkte meiner Karriere. Trainingslager an den schönsten Orten der Erde gehörten ebenfalls dazu.

Im zehnten Lebensjahr startete meine Karriere. Die Schulzeit bis zum Abitur war begleitet vom Leistungssport. Beim Bund absolvierte ich 12 bis 15 Stunden Training wöchentlich, war immer auf Achse und hetzte von Termin zu Termin. Nach der Bundeswehr ging es direkt zur Uni. Nun bestand der Tag aus Universität, Arbeit in Nachtschichten und mindestens drei Stunden Training. Es hat alles sehr viel Spaß gemacht, und der Erfolg gab mir Recht. Es dauerte nicht lange und es folgte mein sportlicher Höhepunkt: Deutscher Meister im Kanurennsport – vor einem Weltmeister! Zu diesem Zeitpunkt war ich 22 Jahre alt.

Umwelttechnik oder Sport?

So stand ich vor dem Entschluss, mein Studium der Umwelttechnik abzubrechen und einen anderen Weg zu wählen. Ich bewarb mich für das Studium der Sportwissenschaft und wollte mein Hobby zum Beruf machen. Während der Übergangszeit arbeitete ich in einer Brotfabrik und machte mehrmals wöchentlich Nachtschichten, um mein Leben zu finanzieren. Es gab kein Bafög während der ganzen Zeit. Ich habe immer für mich selbst gesorgt und hatte dennoch meine Familie fest im Rücken.

Die Nachtschichten waren hart, verhalfen mir aber zu gutem Geld. Die gesamte Zeit war vom Sport begleitet, und ich trainierte jeden Tag. Es machte viel Spaß, zusammen mit Olympiateilnehmern und Weltmeistern in Trainingslagern in Florida an den schönsten Stränden der Welt immer vorn dabei zu sein. Der Leistungsgedanke stand im Vordergrund. Niemand schrieb mir vor, was ich zu tun hatte. Meine Motivation kam von innen.

Sportstudium und Surfschule

Mit dem Beginn meines Sportstudiums legte ich erst richtig mit dem Sport los. Im selben Jahr begann ich, nebenbei in einer Surfschule in Holland zu arbeiten und beendete den Job in der Brotfabrik. Die Arbeit mit deutschen Schulklassen, geistig wie körperlich Behinderten und schwererziehbaren Kindern und mit Erwachsenen machte mir sehr viel Spaß und zeigte mir, dass ich genau das Richtige machte. Meine Wohnung in Bochum, in der ich zwei Jahre gewohnt hatte, gab ich zu diesem Zeitpunkt auf, um Geld zu sparen. Ich zog zurück in mein Elternhaus. Ein Jahr später wurde ich dann erneut Deutscher Vizemeister. Knapp hinter frisch gekürten Olympiasiegern in Athen platziert zu sein, machte mich sehr stolz.

Wieder waren der Druck und die Belastung sehr hoch. Geld verdienen, studieren und immer der eigene Anspruch, gute Leistung zu bringen. Das war mein Leben, und ich war sehr zufrieden damit. Der Erfolg gab mir ja Recht, und ich wäre nie darauf gekommen, dass dieses Leben mich auf lange Sicht krank machen könnte.

Mit dem Leistungssport hörte ich nun kurzfristig auf und konzentrierte mich zum ersten Mal nur auf das Studium und die Arbeit. Das Grundstudium ging zu Ende, und ich wollte mehr lernen als nur den Stoff der Universität.

So entschied ich mich, meine Geldreserven anzugreifen und für ein Jahr ins Ausland zu gehen. Ich wollte die Welt sehen, in meiner Branche arbeiten und mein Praxiswissen erweitern. Vier Wochen lang vertiefte ich meine Englischkenntnisse in Kanada, danach arbeitete ich fünf Monate in der Surfschule und sammelte Erfahrungen im Umgang mit unterschiedlichsten Menschen.

Australien – ein Traum!

Nach Saisonende ging ich für sechs Monate nach Australien, um an der University of Westaustralia zu arbeiten. Als Personal Trainer und Kajak-Instruktor in Australien: Ein Traum ging in Erfüllung! Die ersten beiden Monate waren allerdings die Hölle. Mit der ganzen Situation kam ich nicht zurecht. Über einen so langen Zeitraum getrennt von der Familie und von der Freundin und viel allein zu sein, kannte ich bis dahin nicht. Heute weiß ich, dass ich das erste Mal eine leichte Depression durchmachte. Doch zum damaligen Zeitpunkt wusste ich nicht, was los war.

Als ich aus Australien zurückkehrte, war ich um eine Erfahrung reicher, die ich im Leben nie wieder vergessen werde. Dort habe ich gelernt, gut mit mir allein zurechtzukommen. Ich lernte tolle Menschen aus der ganzen Welt kennen, sammelte Erfahrungen für meinen späteren Beruf und fühlte mich zum Ende dieses halben Jahres rundum wohl.

Arbeiten, studieren und trainieren

Während des Hauptstudiums arbeitete ich in der Surfschule, sooft es nur ging. Die Beziehung zu meiner Freundin zerbrach, weil ich immer nur meine Ziele vor Augen hatte: möglichst noch mehr Erfahrungen sammeln, arbeiten und lernen. Der Sport war mein ständiger Begleiter.

Mein bester Freund bewegte mich dazu, mich als Personal Trainer selbstständig zu machen. Mein Traumjob war gefunden, mein Freund war mein erster Klient. Nach und nach kamen immer mehr Kunden hinzu. Nun arbeitete ich noch mehr, trainierte selber wieder voll und beendete mein Studium. All das mit viel Spaß und ohne jedes Gefühl der Überforderung.

Die Universität begleitete mich auf dem Weg in und durch die Selbstständigkeit. Normalerweise hätte es umgekehrt sein müssen: die Selbstständigkeit als Begleiter des Studiums. Ich erkannte jedoch, dass ich sehr viel Erfolg haben könnte und machte darum immer schneller und motivierter weiter.

Ein Gesundheitsstudio in der Innenstadt

Dann lernte ich eine inspirierende Familie kennen, die an einem Personal Training interessiert war. Durch diese Begegnung erhielt ich die Gelegenheit, meinen größten Traum zu verwirklichen. Ich eröffnete mein erstes eigenes Gesundheitszentrum und hatte damit großen Erfolg.

Die Kunden akzeptierten mich und waren begeistert von meiner Idee und meiner Arbeit. Dem Markt war ich weit voraus mit meinem Personal Trainingsstudio in der Innenstadt. Der Erfolg war für mich unglaublich! Ich war erst 27 Jahre alt und noch nicht mit dem Studium fertig. In der Zwischenzeit ging wieder eine Beziehung auseinander. Weiterhin hatte ich nur ein Ziel vor Augen: Erfolg. Ich stürzte ich mich in die Arbeit und hatte eine Menge Ideen, wie ich mein Geschäft noch besser aufstellen konnte.

Es gab sehr viel zu tun, und ich war motiviert wie noch nie in meinem Leben. Mein Studium war zu der Zeit fast geschafft. Die Diplomarbeit und die Prüfungen standen noch aus. Irgendwann wollte ich sie nachholen, da war ich mir ganz sicher. Ja richtig – irgendwann!

Erfolgsrausch

Meine Freunde und meine Familie warnten mich und wiesen mich immer wieder darauf hin, dass alles zu viel sei und ich aufpassen solle. Doch das prallte an mir ab. In meinem Leben hatte ich immer alles allein geschafft. Auch dieses Projekt würde ich stemmen.

Mein Ziel war jedoch nicht nur, das Gesundheitszentrum aufzubauen, sondern mit meiner Firma noch mehr im Gesundheitsmarkt zu bewegen. Die Ideen waren da, ich musste sie nur umsetzen. Somit holte ich mir Hilfe und baute ein tolles Team um mich herum auf. Wir hätten alles umsetzen können, doch hatte ich inzwischen eine realistische Einschätzung vieler Dinge verloren. Die Arbeit, meine Selbstständigkeit und die Firma hatten Priorität.

Viele Menschen in meinem Umfeld verstanden das nicht. Sie merkten nur, wie ich mich veränderte. Ob negativ oder positiv, konnte ich selber nicht sagen – wer legt das auch fest? Auf jeden Fall veränderte ich meine Einstellung im Leben. Mein Erfolg bestätigte mich zum damaligen Zeitpunkt. Auch zeigte sich, wer meine wahre Freunde waren: diese halten bis heute zu mir.

Die Seele streikt

Auf meinen Geschäftsreisen lernte ich viele tolle Menschen kennen. Ich hatte nach meinem Empfinden vollen Erfolg und mehr Spaß als jemals zuvor in meinem Leben. Und das, obwohl ich doch bis zu dem Zeitpunkt geglaubt hatte, ich hatte schon viel erlebt.

Endlich war ich auf dem Höhepunkt meines Lebens! Und dann brach ich zusammen. Nicht körperlich. Meine Psyche machte mich fertig. Mein Körper schüttete offenbar so viele Glückshormone aus, dass andere glaubten, ich hätte Drogen genommen. Doch es war nur die natürlichste Droge der Welt. Allerdings in einer Menge, dass ich scheinbar halluzinierend durch die Gegend lief und seltsame Vorstellungen davon hatte, wer ich denn sei.

Streitigkeiten, Kontrollverlust, Schlafmangel, viel Alkohol und Gewalt wurden meine ständigen Begleiter. Zum Glück erkannte ein Arzt, dass mit mir etwas nicht in Ordnung war. Kurz darauf ging ich durch eine Hölle auf Erden. Der Grund: Ein Klinikaufenthalt über acht lange Wochen, wie ich sie noch nie zuvor erlebt hatte.

Es bedrückte mich, so viele Menschen kennenzulernen, die so krank waren, dass sie eingesperrt wurden, so krank, dass sie heute vielleicht nicht mehr leben. Trotz der geringen Heilungschancen in dieser Umgebung waren die Erlebnisse in dieser Zeit wichtig für mich: eine solche Erfahrung möchte ich nicht wiederholen und werde alles dafür tun, dass ich so etwas nicht noch einmal erlebe. Meine Familie hat mir das Leben gerettet. Die Anzahl der Freunde reduzierte sich. Die, die in dieser schweren Zeit für mich da waren, vergesse ich nicht.

Nach dem Klinikaufenthalt war ich zu Hause, voll mit Medikamenten, konnte nichts mehr tun und war am Boden zerstört. Meine Firma musste aufgelöst werden. Wieder wohnte ich in meinem alten Kinderzimmer, hatte kein Geld und war körperlich und seelisch zu nichts in der Lage. Keine 20 Minuten konnte ich spazieren gehen, weil ich so erschöpft war. Fünf Monate vor dem Zusammenbruch war ich mit einem Freund noch Strecken von 30 Kilometer gelaufen. Jetzt wollte ich nur noch schlafen und meine Ruhe haben.

Der Anker

Jetzt hatte ich nichts mehr bis auf meine Familie, die so wichtig ist in solchen Situationen. Es war auch für sie eine Hölle, aber wir haben zusammengehalten und waren füreinander da. Ein Anker im Leben, Familie und Freunde sind das Wichtigste. Nachdem ich einige Zeit zu Hause überwiegend auf der Couch verbracht und in vier Monaten 16 Kilogramm zugenommen hatte, bekam ich eine zweite Chance, in eine Klinik zu gehen. Das war meine Rettung durch die sehr gute Betreuung, wenngleich ich dort ein Sportprogramm vermisste. Ein Heilungserfolg war es dennoch.

Der Aufenthalt war anspruchsvoll. Ich lernte sehr viel über mich selbst und die Ursachen von psychischen Krankheiten. Theoretische Kenntnisse hatte ich zuvor auch an der Uni erworben. Damals hatte ich jedoch keinen praktischen Bezug dazu, schrieb nur Klausuren über Psychologie. Seit meinem Klinikaufenthalt arbeite ich kontinuierlich an mir, an meinem Verhalten und an meinen Denkmustern.

Mutprobe

Nach sechs Wochen in der Klinik fiel ich erneut in ein tiefes Loch. Dies war der tiefste Punkt in meinem Leben.

Suizidgedanken quälten mich einige Male und machten mir das Leben über viele Tage sehr schwer. Endlich nahm ich meinen Mut zusammen und redete offen mit meiner damaligen Therapeutin. Es kann sich kaum jemand vorstellen, wie schwer dieser Schritt für mich war. Sie war eine große Hilfe, und ich bekam meine Gedanken wieder in den Griff. Nun machte ich wieder mehr Sport, arbeitete verstärkt an einer positiven Denkweise und lernte, mich und meinen Körper besser zu verstehen.

Vor allem wurde mir bewusst, was mich als Menschen ausmacht, unabhängig von materialistischen Dingen im Leben. Dadurch bekamen mein Selbstwertgefühl und Selbstvertrauen langsam wieder Auftrieb.

Ausdauer lohnt sich

Nach der Rückkehr aus der Klinik ging es Stück für Stück bergauf. Sehr langsam und mit viel Geduld arbeitete ich an mir und holte mir Hilfe, wo ich nur konnte. Therapeuten, Ärzte und andere Spezialisten wurden zu Rate gezogen. Ich suchte mir einen Arzt, der mich medikamentös begleitete. Eine Therapeutin hilft mir bis heute, wenn es mal wieder brennt. Wir reflektieren gemeinsam meine innere Einstellung und meine Glaubenssätze und besprechen, was mir am Herzen liegt.

Die Ausdauer zu behalten, um etwas zu verändern, ist das Härteste und Nervenaufreibendste in solch einer Situation, doch es lohnt sich. Die vielen Gespräche mit den Freunden und der Familie sind wichtig. Jedes einzelne hat mich weiter gebracht. Nur mein damaliger Arzt riet mir, auf den Leistungssport zu verzichten und mir eine Beschäftigung zu suchen, die mich nicht überfordert. Rückblickend empfand ich das als sehr negativ und entmutigend.

Endlich wieder Sport!

Ein Jahr nach diesem Gespräch bin ich Landesmeister geworden (vor einem Weltmeister!) und habe meinen Universitätsabschluss gemacht. Dies war ein Kampf mit mir selbst: Ich habe ihn gewonnen. Er hat viel Schweiß, Tränen, Gespräche und Kilos gekostet. Doch er hat sich mehr als gelohnt. Zum Ende meines Studiums erlebte ich nachhaltige Unterstützung an der Uni. Sportlich hatte ich noch nicht wieder meine alte Form erreicht, war jedoch viel weiter als in der ersten Zeit nach meinem Zusammenbruch.

Was hilft weiter?

Die Bewältigungsstrategie einer psychischen Erkrankung ist mir heute klar: Hilfe holen, wo es geht und sich nicht verschließen. Möglichst offen über die eigene Situation sprechen und über den Tellerrand hinweg schauen. Positiv nach vorn blicken, kleine Ziele angehen – und weitermachen: auch dann, wenn jemand sagt, es sei nicht zu schaffen. Wichtig ist der Wille, selbst etwas zu ändern.

Auch ich musste lernen, meinen Körper zu spüren und ihn zu verstehen. Konnte lernen, Stresssymptome rechtzeitig zu erkennen und darauf zu reagieren. Durfte lernen, Situationen zu relativieren und sie so hinzunehmen, wie sie sind. Heute kann ich das Positive an Ereignissen erkennen und darauf aufbauen.

Das Leben geht weiter

Damals hatte ich alles verloren, was mir wichtig war: meine Gesundheit, mein Geschäft, Menschen, die ich für Freunde gehalten hatte, viel Geld und jede Menge Lebensmut. Doch nun kommt das Leben nach und nach wieder. Ich habe wunderbare Freunde, die immer zu mir halten und auf mich aufpassen, und habe mehr Kontrolle über meinen Körper. Heute lebe ich bewusster, einfacher, glücklicher und lege mehr Wert auf persönliche Beziehungen. Meine Vergangenheit hat mein Leben verändert.

Offenbar musste ich erst so ein Tief erleben, um das Gute und wirklich Wichtige im Leben schätzen zu können. Inzwischen habe ich wieder eine kleine Wohnung, nett und minimalistisch eingerichtet. Ich besitze nur das Nötigste. Keinen Fernseher, dafür viele Bücher. Heute beschäftige ich mich viel mit Psychologie, Selbstmanagement und der Weiterentwicklung meiner Persönlichkeit.

Aus Schaden wird man klug

Inzwischen bin ich froh und glücklich darüber, diese Erfahrungen in so jungen Jahren gemacht zu haben. Mein zukünftiges Leben kann ich bewusst darauf aufbauen. Noch immer muss ich aufpassen, um nicht wieder in alte Muster zu verfallen. Ich begreife meine Erfahrungen als Chance, positiv nach vorne zu schauen, selber Hilfe zu akzeptieren, ständig zu lernen und meine Erfahrung an möglichst viele Menschen weiterzugeben.

Vitalstoffe sind eine wichtige Basis

Ich habe in meinem Leben sehr gute Erfahrungen mit Vitalstoffen gemacht. Seit Jahren nehme ich eine komplette Basisversorgung mit sämtlichen Vitaminen, Ballaststoffen, Kräutern etc. in einem Produkt. Dieses optimiere ich mit einem B-Vitamin-Präparat. Die zusätzliche Einnahme von Omega-3-Fetten und Coenzym Q 10 hat mir sehr gut geholfen. Seit meiner Erkrankung nehme ich nun die doppelte Menge, und das hat mich richtig nach vorne gebracht!

Die Entsäuerung bzw. Entschlackung durch ein Mineralien- und Spurenelement-Produkt war während dieser Zeit sehr wichtig. Die Wassereinlagerungen, die durch die vielen Medikamente entstanden waren, habe ich wieder verloren und konnte auch mein altes Gewicht wieder erreichen.

Die Vitalstoffe und vor allem Q 10 haben für die nötige Energie gesorgt. Die Omega-3-Fette und der B-Vitamin-Komplex bewirkten, dass meine Gedankenleistung wieder stetig nach oben ging. Gerne gebe ich diese und weitere nützliche Erkenntnisse in einer individuellen Beratung weiter.

Mit dem Denken fängt es an: es ist der Geist, der sich den Körper baut!

Daniel Schulte-Kump, 31 Jahre alt, ist Diplom-Sportwissenschaftler. Er beschreibt, wie es bei ihm nach großen sportlichen Erfolgen zum Zusammenbruch kam, was ihm aus dieser Situation herausgeholfen hat und wie er anderen mit diesen Kenntnissen heute helfen kann.

Nicht die Jahre in unserem Leben zählen,
sondern das Leben in unseren Jahren zählt.

Adlai E. Stevenson

Aus Dir wird mal ein Straßenfeger

„Das wird doch nichts, was Du da tust!" oder „Aus Dir wird ein Straßenfeger, wenn Du so weitermachst!" – diese Sätze gehörten in meiner Kindheit zum Standard-Repertoire der Mitteilungen meiner Mutter an mich. Als ich zwei Jahre alt war, trennten sich meine Eltern. Meine Mutter vermittelte mir immer wieder, dass sie mich nicht mochte. Für sie war ich meinem Vater, auf den sie wegen der Trennung wütend war, viel zu ähnlich. Der Satz: „Du gleichst Deinem Vater immer mehr!" war bei ihr nicht positiv gemeint. Für meine Mutter war ich nie gut genug.

Die Überbelastung, die zu meinem Burnout führte, hatte sich schleichend über Jahre entwickelt. Heute weiß ich, dass auch diese Kindheitserlebnisse dazu beigetragen haben.

Auf der einen Seite abgewertet, wurde ich gleichzeitig immer mehr zu einem Ersatz-Ansprechpartner anstelle des Vaters. So war ich derjenige, dem meine Mutter alles erzählte und bei dem sie sich ausheulte. Natürlich musste sie arbeiten gehen, was bedeutete, dass ich bereits mit acht Jahren nach der Schule alleine zu Hause war. Schlagartig hatte ich die Verantwortung für mein Leben. Welche Auswirkungen es haben würde, wenn ich meine Hausaufgaben nicht machte und nicht lernte, das konnte ich damals noch nicht überblicken. Auf mich allein gestellt, war ich dafür noch viel zu jung.

Suche nach Anerkennung

Durch den Wunsch nach Anerkennung wurde sehr früh ein großer Ehrgeiz in mir entfacht. Ich musste immer besser sein als die anderen. Bei meiner Mutter wollte ich endlich Anerkennung finden, gelobt und geliebt werden – einfach weil ich da bin. Zeitlebens konnte mir meine Mutter das nicht geben. Sie wusste es nicht besser, weil sie es selber auch nicht anders erlebt hatte.

Bis zu meinem Burnout und noch Monate danach kämpfte ich um Anerkennung. Schon immer machte ich mehr als andere, um aufzufallen, um Wertschätzung zu erfahren. Wenn nicht von meiner Mutter, dann wenigstens von meinem Chef, meiner Frau, meinen Freunden ...

Belastungen

Seitdem meine Frau erkrankt ist, bin ich als Alleinverdiener für die Versorgung Familie verantwortlich. Kurz vor meinem Zusammenbruch trieb ich es auf die Spitze. Auf der Arbeitsstelle war ich stark eingebunden. Wir hatten Niederlassungen eines aufgekauften Unternehmens in das Firmennetzwerk einzubinden. Dadurch war ich viel unterwegs und hatte plötzlich eine Leitungsfunktion für ein kleines Team. Zusätzlich bereiteten wir den Umzug unserer Niederlassung mit 150 Mitarbeitern vor. Einen Teil des Umzuges musste ich alleine managen.

Zwei Jahre zuvor hatte ich einen theologischen Grundkurs begonnen. Das Bibelstudium war für mich eine Kraftquelle, in die ich mehr Zeit investieren wollte. Neben den Wochenend-Seminaren, die alle zwei Monate stattfanden, gehörten regelmäßige Hausaufgaben zum Pensum.

Mein Misstrauen machte mich misstrauisch

Dann kam der Sommer vor vier Jahren. Anfangs wusste ich nicht, was mit mir los war. So spürte ich nur, dass ich völlig erschöpft war, mich zu nichts mehr aufraffen konnte. Selbst ein Urlaub in Schweden brachte keine Erholung. Als eigentlich begeisterter Flohmarktgänger hatte ich nicht einmal mehr dazu Lust.

Jeden, der auf mich zukam und mir die Hand zur Begrüßung reichen wollte, betrachtete ich mit Argwohn. Der wollte mich nicht nur begrüßen. Der wollte wieder irgendetwas von mir erledigt haben. Dass ich dabei meine Freunde vor den Kopf und von mir fort stieß, hat mich damals am meisten selbst verletzt. So etwas wollte ich nicht tun. Und doch geschah es immer wieder.

Die Suche nach der Ursache für dieses Verhalten trieb mich schließlich dazu an, im Internet nachzuforschen. So sollte es nicht weiter gehen. Vielleicht war da jemand, dem es genauso ging, der mir helfen konnte. Lange suchen musste ich nicht. Rasch stieß ich auf das Thema Burnout. Auf den entsprechenden Internetseiten machte ich Tests. Diese belasteten mich sehr, und ich hätte sie am liebsten abgebrochen. Doch ich wollte endlich wissen, was mit mir los war.

Diagnose Burnout

Da stand es dann: „Sie leiden wahrscheinlich unter einem Burnout. Gehen Sie zu einem Arzt, lassen Sie sich helfen." Zunächst suchte und fand ich eine Selbsthilfegruppe. Doch leider gab es keine Treffen. Die Mitglieder waren anscheinend selbst so gelähmt, dass sie sich dazu nicht aufraffen konnten. Es gelang mir nicht, einen persönlichen Kontakt herzustellen. Wenn dieses Verhalten typische Auswirkungen des Burnouts waren, dann wollte ich rechtzeitig etwas dagegen tun, mir kompetente Hilfe suchen.

Diese fand ich bei meinem Hausarzt, der die Diagnose bestätigte. Gemeinsam stellten wir einen Antrag auf eine Rehabilitationsmaßnahme. Wie befürchtet kam zunächst eine Ablehnung, doch mit einem Einspruch und dem Bericht eines Neurologen nahm dann alles seinen Lauf. Über sechs Wochen war ich in einer Klinik. Dort habe ich mich sehr gut erholt und wieder gelernt, das Leben zu genießen. Durch Gespräche mit Mitpatienten und Psychologen war ich motiviert, auch Zuhause eine Therapie zu machen.

Hilfe und Selbsterkenntnis

Eine kleine Episode zum Ende meines Klinikaufenthaltes öffnete mir die Augen. Vor dem Verlassen der Klinik machte ich meinem Ärger über das eintönige Essen bei meinem Oberarzt mal richtig Luft. Dieser entgegnete mir: „Ich spüre Ihre große Wut. Diese ist jedoch nicht gegen das Essen gerichtet." Heute bin ich diesem Arzt sehr dankbar, denn er hat mit dieser Bemerkung ins Schwarze getroffen.

Lange Jahre war ich aufgrund meiner eigenen vermeintlichen Unzulänglichkeiten verärgert, ja geradezu wütend auf mich selbst- und dadurch auch unzufrieden mit meinem Umfeld. Die Wut rührte aus meinem ewigen Kampf um Anerkennung und Liebe. Das verstand ich erst später in der Therapie. Typisch für viele Burnout-Kandidaten: Sie fühlen sich nicht gut genug und kämpfen um Anerkennung, die ihnen scheinbar niemand gibt. Auch wenn mir das heute sehr klar ist, wird es noch dauern, bis ich es wirklich verinnerlicht habe.

Schmerzhafter Lernprozess

Meiner Erfahrung nach ist niemand vor einem Burnout gefeit. Es kann jeden treffen. Und wer einmal darin war, der muss sehr aufpassen, dass es ihn nicht wieder erwischt. Um das zu begreifen, habe ich drei Jahre meines Lebens und einen Herzinfarkt „benötigt". Diesen erlitt ich, weil ich es nicht geschafft hatte, mein Leben zu ändern. Der Herzinfarkt hat mir dann umso deutlicher gezeigt, wie ernst Burnout und wie wichtig Gesundheit ist.

Mir hilft ein Gebet:

Lieber Gott, schenke mir die Geduld,
Dinge hinzunehmen, die ich nicht ändern kann.
Schenke mir die Kraft, Dinge zu ändern, die ich ändern kann.
Und schenke mir die Weisheit,
das eine vom anderen zu unterscheiden.

Das ist ein sehr zentrales Thema: (Nicht nur) als „Ausgebrannter" will ich oft die Welt ändern und zerbreche an Zuständen, die ich nicht ändern kann. Akzeptieren, was nicht zu ändern ist und anpacken, wo sich etwas ändern lässt, ist die bessere Alternative. Dazu gehört für mich auch die Einstellung: Ich bin gut, so wie ich bin.

Die Zukunft gestalten

Heute bin ich in einer Situation, die sicherlich so mancher kennt: Nach allem, was ich durchgemacht habe, kann ich nicht mehr zurückkehren in den alten Beruf. Nur: Was mache ich jetzt? Nach 20 Jahren EDV- und 50 Jahren Lebens-Erfahrung suche ich eine neue sich öffnende Tür. Vielseitige Kenntnisse mit einem Portfolio von PC-Grundlagen-Schulung über Bewerber- und Kommunikationstraining sind meine Basis. In der Gemeinschaft mit anderen Menschen finde ich mich sehr schnell in die Rolle eines Trainers, Coachs oder Beraters wieder. Als einfühlsamer Mensch und aufmerksamer Zuhörer blühe ich darin auf.

Darum habe ich meinem bisherigen Beruf „adieu" gesagt und werde in den Bereich Beratung, Schulung, Training gehen. Über mehrere Jahre leitete ich eine Selbsthilfegruppe Burnout und sammelte erste Erfahrungen in der Beratung von Betroffenen und deren Angehörigen. Derzeit nehme ich aktiv an einem Kurs zur Burnout-Prävention teil und schule andere in Entspannungsübungen nach Jacobsen.

Diese Kenntnisse werde ich weiter ausbauen und meine Lebenserfahrung weitergeben. Bei mir steht der Mensch im Vordergrund, der in der heutigen Zeit immer mehr zur funktionierenden Maschine degradiert wird.

Bernd Andreas Czarnitzki, 50 Jahre, EDV-Kaufmann, lebt mit seiner Frau in der Nähe von Hamburg. Er lernte, sich selber anzunehmen und seinen Weg aus dem Burnout anderen weiterzugeben. Er sucht nach einer neuen beruflichen Herausforderung und Möglichkeiten, um sein Leben neu zu gestalten.

*Die Ursache zu erkennen
ist wichtiger als das Bekämpfen der Auswirkungen!*

Gerhard Hös

Sehnsucht

Bald ist es geschafft! Ein Lächeln überzieht mein Gesicht. Der Gedanke erzeugt eine befreiende, beinahe erlösende Stimmung in mir. Wie jeden Tag sitze ich in meinem Sessel. Einem mit rotem Stoff überzogenen Fauteuil, der auf den Armlehnen bereits speckige Spuren aufweist. Mein Zimmer ist verdunkelt, die genaue Tageszeit weiß ich nicht. Das Bett ist von der unruhigen Nacht zerwühlt.

Wie spät war es wohl, als ich wieder aufwachte? Schweißgebadet und etwas verwirrt, mit dumpfem Druck in meinem Kopf. Schon wieder nur ein paar Stunden geschlafen. Habe ich geträumt? Wie so oft habe ich keine Erinnerung an meine Träume, meist bleibt mir nur ein Gefühl von Unruhe im Gedächtnis. Bald ist es geschafft! Das Lächeln will nicht weichen. Gedanken beginnen sich in meinem Gehirn zu konkreten Ideen zu formen.

Zum ersten Mal seit langer Zeit habe ich wieder die Schallplatte von Wolfgang Ambros aufgelegt. „Heite drah i mi ham, …" Wohltuend klingt seine Stimme. Morbid dieser Text, morbid und doch so erfreulich.

Bald ist es geschafft! Wie treffend diese Worte meinen Wunsch nach Erlösung widerspiegeln. Da war doch gestern etwas in den Nachrichten mit einem Mädchen, das sich auf die Schienen setzte und so den herannahenden Zug erwartete. War es Liebeskummer? Oder vielleicht eine Romeo-und-Julia-Story?

Wieder einmal hatte ich nicht richtig zugehört, nur ein bestimmter Teil dieser Berichterstattung hat mich aufmerksam gemacht. Das Mädchen saß auf den Schienen in der Nähe von Wien, nur wenige Kilometer von mir entfernt. Es hat sein Schicksal in die Hand genommen. Der Lokführer hatte keine Chance. Muss ein schreckliches Erlebnis für ihn gewesen sein. Was soll's, das Mädchen hat seine Entscheidung getroffen.

Meine Entscheidung steht fest

„Heite drah i mi ham, …", klingt der Refrain in meinen Gedanken. Heute ist ein guter Tag. Das war es wohl. Endlich ist es soweit: Meine Zeit auf dieser Erde ist reif, um beendet zu werden. Ich werde einfach spazieren gehen. Die nächsten Schienen sind nur 20 Gehminuten entfernt. Wann fahren hier die Züge und wie oft kommen die vorbei? Die Geräusche eines überlangen Zuges tönen täglich am Vorabend, wenn mein Fenster einen Spalt geöffnet ist oder ich mal wieder am Balkon stehe. Wenn ich eine passende Stelle gefunden habe, wie lange muss ich warten? Egal wie lange.

Die Autobahnbrücke ist auch in der Nähe, und da ist immer was los. Schon die Höhe vom Geländer bis zur Fahrbahn ist ausreichend, wenn ich kopfüber springe. Da konzentriere ich mich einfach auf die rechte Spur, da fahren die dicken Brummer in kurzen Abständen. Jetzt singt der Ambros noch „es lebe der Zentralfriedhof …!"

Zweifel

Hey, was ist los mit mir? Was geht da ab? Wieso gefällt mir das alles? Das kann ich doch meiner Susi nicht antun. Der Frau, die ich über alles liebe. Weshalb hält mich meine Liebe nicht von diesen Gedanken ab?

Die Antwort habe ich schnell parat: Es gibt ihn nicht mehr, den Sinn, der mein Leben noch lebenswert macht! Vor einigen Wochen hatten sie meinen Geburtstag gefeiert. Schon der dritte nach meinem Fünfzigsten. Alle meine Lieben waren da. Wie alle Geburtstage in unserem Familienkreis war auch dieser gestaltet mit gemütlichem Zusammensein, einer Vielzahl an humorigen Gesprächen und dem Wühlen in Geschichten aus längst vergangenen Tagen.

Irgendetwas ist anders als bei den vergangenen Feiern. Das gemeinsame Lachen mit den Jungs und den drei Mädels tut gut, aber auf einmal sind sie da, die Gedanken an Abschied. Abschied von den Menschen, die mich respektieren, auf mich hören und mich lieben. Wie soll ich das nur machen mit dem Abschied? Einen Brief zu schreiben, das gefällt mir nicht. Ohne eine Nachricht zu gehen, das wäre nicht fair. Geh doch einfach, was kümmert es dich?

Seit unzähligen Wochen reift dieser Gedanke an meinen Abgang aus dieser Welt, der ich so viel gegeben habe. Zuviel über zu lange Zeit. Freilich, ich habe viel zurückbekommen. Warum reicht das nicht? Was fehlt mir so entscheidend? Ambros singt mir aus meinem Herzen: „I glaub i geh jetzt, es ist Zeit ...!"

Kein Ende ohne Anfang

Meine Kindheit war geprägt vom traditionellen Erziehungsmodell der 50er Jahre. Mutter war gesegnet mit Liebe, die sie meinen drei Geschwistern und mir in hohem Maße zukommen ließ. Prägend die Mixtur aus Verständnis, Zuwendung und disziplinierender Härte.

Vater war ein Kriegs-Invalide mit eisernem Überlebenswillen. Ein Vorbild an Disziplin, Intelligenz und Verantwortung. Der Weltkrieg hatte seine Spuren an und in ihm hinterlassen. Als junger Mann, an einem Arm amputiert, die zweite Hand durchschossen, wurde er von meiner Mutter betreut, geheiratet und zu einem wertvollen Mitglied der Gesellschaft aufgebaut.

Sein Auftreten war prinzipiell freundlich, die Mitmenschen zollten ihm Respekt als Mann und als Familienvater. „Ein Indianer kennt keinen Schmerz", war eine seiner Maximen. „Halte Dich stets gerade und zeige, dass Du ein Mann bist." Das hat mich bereits als Jugendlicher geprägt.

Viel Arbeit und keine Zeit

Bereits im Alter von zehn Jahren verdiente ich mein Geld als Balljunge auf dem Tennisplatz. Meine Wochenenden verbrachte ich auf dem Feld aus rotem Sand, wo gelangweilte Doktoren-Gattinnen ohne Talent und mit viel Muße die weißen Kugeln durch die Natur beförderten.

Mit zwölf war ich Lieferant für unseren Gemüsehändler und brachte bestellte Ware zu alten oder gebrechlichen Kunden. Für ein bescheidenes Trinkgeld schleppte ich Kisten bis in die obersten Stockwerke. Lifte waren damals eine Seltenheit, mein Schweiß hatte oft mehr Gewicht als die Münzen der Entlohnung.

Doch über all den beschwerlichen Stunden lag die Freude, meiner Mutter das verdiente Geld mit den stolzen Worten übergeben zu können: „Mein Teil, damit Ihr nicht so viel schuften müsst!" Langeweile, Nichtstun, Faulheit – Worte, die keine Akzeptanz fanden. „Stehe zu Deinen Entscheidungen und trage immer Verantwortung für Dein Handeln", solche und ähnliche Ansichten und Vorgaben hatten mein Verhalten bereits in jungen Jahren beeinflusst. Bald merkte ich, dass ich die meiste Zuneigung erhielt, wenn ich für die Anderen funktionierte. „Gib – und Du bekommst auch zurück."

Beruf, Berufung und schon erwachsen

Nach der Pflichtschulzeit begann meine Ausbildung in einem Restaurant in der Wiener Innenstadt. Als Piccolo (Kellner-Lehrling) war ich bei den Touristen sehr beliebt, das Restaurant wurde zu meiner zweiten Heimat. Durch meinen Ehrgeiz und Fleiß zollten mir die Kollegen Anerkennung. Mein Charme und notdürftige Schul-Englisch-Kenntnisse brachten mir speziell von den amerikanischen Gästen harte Dollars. „Mein Teil, damit Ihr nicht so viel schuften müsst!", war über Jahre mein Obolus an meine Eltern.

Die Gesellenprüfung absolvierte ich mit Bravour. Danach erweiterte ich in verschiedenen Restaurants meine Erfahrungen. Es folgte eine grandiose Zeit, wobei ich mit hohem Einsatz und minimaler Freizeit zu überdurchschnittlichem Verdienst kam.

Jetzt zählte ich zu den Erwachsenen! Kaum hatte ich meinen Zwanzigsten gefeiert, war ich auch schon verheiratet. Mit dieser Frau wollte ich alt werden, für sie wollte ich Sorge tragen.

Eigene Kinder zu haben war mein Traum. Doch die Arbeitszeiten in der Gastronomie erwiesen sich als sehr familienfeindlich, meine Freude sank rapide.

Der zweite Marlowe

Die darauf folgenden Jahre investierte ich in die Ausbildung zum Berufsdetektiv und Leibwächter. Austrainiert und versiert im Straßenkampf, blitzschnell und zielgenau im Umgang mit der Smith & Wesson, gefuchst wie Marlowe stand ich nun meinen Mann gegen das Verbrechen. Meine Erfolge in zahllosen Überwachungen und Observationen waren vom Start weg meine Begleiter.

Meine Einsatzbereitschaft spiegelte sich in unentwegter Leistungssteigerung wider. In manchen Fällen verbrachte ich gleich mehrere Tage und Nächte im Auto oder lag unbemerkt vor den Observationszielen. Besonders geachtet wurde ich für meine Furchtlosigkeit im Umgang mit obskuren Gestalten. Bei einem Auftrag als Leibwächter im Dunst der Unterwelt (oder was ich dafür hielt) dachte ich nicht ans Aufgeben. Erst als die Lage sich massiv zuspitzte und es vermutlich zu einen Schusswechsel gekommen wäre, besann ich mich rechtzeitig.

Der Held hat versagt

Reine Furcht oder intelligenter Selbstschutz – den Auftrag hatte ich nicht ordnungsgemäß beendet. Das war höchst unprofessionell und für mich unerträglich. Nach vier Jahren, auf der Karriereleiter zum Assistenten und damit zur rechten Hand vom Boss aufgestiegen, entschied ich mich für einen weiteren Berufswechsel. Der Alltag als Held entpuppte sich zum ersten Mal als sinnloses Unterfangen, Selbstzweifel keimten auf. Meine Frau schenkte mir in dieser Zeit zwei Söhne. Nun hatte ich eine neue Verantwortung als Vater und Familienoberhaupt.

Der Held ist zurück!

Es folgte der Schritt in die Versicherungsbranche, wo ich als Kundenbetreuer im Außendienst umherkurvte und mich nun um die Absicherung der Mitmenschen kümmerte. Mit großem Einsatz ging ich auf Tour und zeigte jedem, wie wichtig die Absicherung vor den Folgen von Unheil ist. Diese Überzeugung hielt mich vier Jahre lang mit hoher Begeisterung gefangen.

Für ein geregeltes Familienleben war daneben keine Zeit. Auch am Abend oder an den Wochenenden war ich zur Stelle, wenn es willige und zu bekehrende Kunden gab. Als Spezialist für schwierige Fälle machte ich mir einen Namen, firmeninterne Titelverleihungen waren die Folge. Finanzielle und kollegiale Anerkennung strömten mir wohltuend entgegen. Menschen zu helfen und dabei erfolgreich zu sein, war mein Traum – und er hatte den feinen Beigeschmack, etwas immens Wichtiges zu leisten.

„Unverhofft kommt oft" wurde für mich zur Realität: Ein zuvor angebotener Wechsel in die Ausbildungsabteilung wurde wegen Einsparmaßnahmen zurückgezogen. Die Enttäuschung über diese Absage war der Auslöser, um erneut in ein anderes Metier zu wechseln. Wieder einmal überkamen mich massive Selbstzweifel, die Sinnhaftigkeit meines Daseins war mir nicht mehr klar.

Karriere

Ein Handelsunternehmen suchte Mitarbeiter. Meine Fähigkeit als Verkäufer und die Freude am Umgang mit Menschen passten optimal zu dieser Branche. Es folgte das Bewerbungsgespräch. Meine Zeugnisse verfehlten ihre Wirkung nicht, und ich wurde sofort eingestellt. Als Marktleiter-Aspirant begann für mich eine schöne Phase des Lernens und Erfahrens. Mein Einsatz, die Bereitschaft, über meine Grenzen zu gehen und das hohe Maß an Verantwortungsbereitschaft wurden bald erkannt und geschätzt. Mein Herz schlug kräftig für dieses Unternehmen. Meine Fähigkeiten überzeugten die Geschäftsführung, und bereits nach kurzer Zeit war ich offiziell Marktleiter.

Gute Organisation und hohe Flexibilität brachten fortan überzeugende Ergebnisse. Schwierige Standorte mutierten unter meinen Händen zu Umsatzgaranten. Das erste Jahr war noch nicht vergangen, als ich in das Management aufstieg. Jetzt begann für mich die Zeit der Serienerfolge. Ich steigerte die Zahlen und Ergebnisse. Persönliche Grenzen akzeptierte ich nicht. Meine Frau gebar unseren dritten Sohn. Mein Glück war unbeschreiblich.

Ohne mich läuft gar nichts

Aufopfernd in den Rollen als Ehemann, Vater, Freund, Kollege und Mitarbeiter, übernahm ich unzählige Aufgaben für mein Team und „mein" Unternehmen. Verantwortungen, die diese Tätigkeiten mit sich brachten, und die, welche ich noch zusätzlich adoptiert hatte. Meine Gier nach Verantwortung und Wichtigkeit war maßlos.

Ohne mich ging doch gar nichts. Wenn doch was ging, dann war es nicht gut genug. Natürlich respektierte ich meine Mitmenschen, aber sie bekamen meine Hilfsbereitschaft und meine Hingabe permanent zu spüren. Ob sie wollten oder nicht, ich machte sie erfolgreich.

Die Anerkennung meiner Vorgesetzten kannte kaum Grenzen. Coram publico, also vor versammelter Mannschaft, öffentlich gelobt zu werden, war in diesen Zeiten eine hohe Auszeichnung. Manchmal meinte ich zu hören, dass über mich nur in Superlativen berichtet wurde.

Ich wähnte mich allseits geliebt, von meinem Team und von den Kollegen. Die konnten doch gar nicht anders, als mich zu lieben. Etwa 19 Jahre vergingen, und ich kletterte auf der Leiter des Erfolges behände auf und ab, wobei ich mich immer im oberen Bereich aufhielt.

Wie ein Hamburger

Ich war wie ein Hamburger: Oben ein Weißbrötchen, unten ein Weißbrötchen, dazwischen war ich das Laberl (wienerisch für Laibchen). Manchmal garniert mit Salat, Gürkchen oder Käse, aber ich blieb das Laberl. Und fühlte mich dabei sehr wohl. Ich hatte die Stärke und die Härte, mit dem Druck von „oben" und von „unten" perfekt umzugehen. Gerne suchte ich die Konfrontation mit den Druckgebern.

Tribut

Diese Jahre forderten mein gesamtes Potenzial. Die Sechs-Tage-Woche war Standard, mehr als 70 Stunden wöchentlich selbstverständlich. Reichte diese Zeit nicht, gab es noch die Nächte und Sonntage. Zur Entspannung konnte ich meine Energien in stundenlange Tennismatches investieren. Heute hängt ein Gemälde meines Freundes und Tennispartners in meinem Büro. Ein zertrümmertes Racket passend auf die Acryllandschaft platziert.

War dazu keine Zeit, dann belohnte ich mich mit ungesundem Essen, Unmengen an schwarzem Kaffee und Nikotin bis zum Einnebeln.

Erhebliches Übergewicht war die Folge. Ein mehrfach erhöhtes Risiko für eine Herzerkrankung wurde bei mir nachgewiesen. Meine Blutwerte pendelten sich weit oberhalb der Normgrenzen ein. Das war mein Obolus für den Erfolg.

In dieser Zeit wechselten sich die Phasen von feudalem Leben und Überfluss mit Zeiten der Askese und des Verzichts ab. Mein Körpergewicht verhielt sich wie die Achterbahn im Wiener Wurstelprater. Gesundheitliche Beeinträchtigungen und Beschwerden trug ich wie Orden. Selbstverständlich gab es da Hinweise aus der Familie, dem Freundeskreis und von einigen Kollegen. „Gerhard, übertreibe nicht. Gib Acht auf Dich!", war zu hören.

Helden müssen so sein

Unbewusst entwickelte ich ein perfekt ausgeklügeltes System der Selbsttäuschung. Ich kreierte dazu passende Lieblingssätze wie: „Es gibt keine Probleme, nur Lösungen!", „Stress kenne ich nicht, Stress entsteht nur durch Unsicherheit!", „Nur die Harten kommen weiter!". Die Einstellung: „Mit weniger Aufwand mehr erreichen!" wurde zum Schlüssel für meinen beruflichen Erfolg.

Perfekt setzte ich mein Organisationstalent gepaart mit Effizienz und Lösungsorientierung im Alltag ein, gleich einem Konzertmeister der Wiener Philharmoniker. Meine Mitarbeiter als Musiker spielten alle Stücke mit Bravour. Aufkommende Misstöne wurden korrigiert, Falschspieler wurden ersetzt. Wenn heute Haydn auf dem Programm stand, duldete ich nicht, dass Einzelne Schubert geigten.

Meine Konsequenz als Dirigent wurde von der Geschäftsleitung im Auditorium mit Standing Ovations in Form von Anerkennung und Prämien für mein Team und für mich belohnt. Die gegenseitigen Erwartungen waren entsprechend hoch angesiedelt. Auf mich selbst nahm ich keine Rücksicht. All die Opfer und Mühen waren natürliche Begleiterscheinungen, wie der Rauch beim Feuer.

Als Belohnung gönnte ich meiner Familie und mir den Hauch von Luxus. Einkaufen wurde zu einer neuen Befriedigung. Ein guter Ehemann und Vater hat sich um das Wohlbefinden seiner Lieben zu sorgen. Mit jedem gekauften Stück steigerte ich den Grad meiner Beliebtheit.

Paukenschlag

Die cholerischen Reaktionen, wenn ich abends heimkam, gehörten ebenso dazu wie die endlosen belehrenden Gespräche mit meinen Söhnen. Im Job funktionierte alles wie am Schnürchen. Meine wirtschaftlichen Ziele wurden zumeist zu den Zielen meiner Führungsmitarbeiter in den Standorten. Mein Wort war Gesetz, auch wenn ich es mit Respekt gegenüber meinem Team verkündete. Dort war ich anerkannt, und man nahm mich ernst.

Daheim war alles anders. Die Jungs schienen chaotisch, undiszipliniert und unreif. Mein Ältester zeigte bereits im Kindesalter Talent und Hingabe zur Kochkunst. Gemeinsame Kochprojekte mutierten zu stressgeladenen Küchenmanövern. Er war erst 15 und durfte nicht mehr Kind sein.

In seinem Alter war ich doch schon erwachsen gewesen, hatte schon lange meine Erfahrung im Geldverdienen – und außerdem war ich viel härter. Wahrscheinlich war der Luxus, in dem mein Junior lebte, Schuld an seinem Verhalten. Wieder einmal war er offenbar unfähig, seine Alltagspflichten im Haushalt unaufgefordert zu erledigen. Die stundenlangen Standpauken, die er am Abend von mir erhielt, bewirkten bald nur noch Gähnen und Müdigkeit. Ich hingegen stand voll unter Strom.

Die Familie spielt nicht mehr mit

Da waren auch die anderen Jungs – die waren noch Kids. Meine Methode, mit ihnen wie mit Erwachsenen zu reden, brachte große Fortschritte. Wenn mich damals jemand gefragt hätte, welche Fortschritte das denn seien, hätte ich es allerdings nicht sagen können. Doch die Methode war super – für mich.

Kurz vor meinem Geburtstag, mit dem ich in die Riege der Vierziger einrückte, erhielt ich die Hiobsbotschaft: Meine Frau wollte nicht mehr mit mir alt werden. Viel mehr noch, sie hatte es satt, mit mir zu leben. „Du bist nie für uns da, hast nie Zeit für uns!"

Einem Helden wirft man nichts vor, höchstens etwas nach, und da bestenfalls goldene Lorbeerkränze! „Ich habe doch alles nur für Euch getan, mein Bestes gegeben. Ihr sollt es doch gut haben!" Meine Welt brach zusammen. Was sollte ich noch tun für diese Undankbaren? Reichte das nicht?

Selbstzweifel

Die Selbstzweifel nahmen überhand, der Sinn meines Daseins war für mich nun kaum zu erkennen. Wo war sie hin, die Fähigkeit, alles schönzureden? Diese Fähigkeit, die mich über all die Aufwendungen und Entbehrungen getragen hatte?

Dazu kamen diese Schmerzen in der Brust. Zunächst noch erträglich, aber sie waren da. Zu viel Gewicht angefuttert. Für Fitness keine Zeit. Nur noch müde und ausgelaugt. Eine schmerzhafte Zeit der Erkenntnis folgte nun, keine Hoffnung auf eine positive Lösung. Nach 20 Jahren Ehe war die Scheidung nicht zu vermeiden. Was mir blieb, war mein Hab und Gut, das ich problemlos in meinem VW Golf unterbringen konnte. Jetzt stand ich da, mit dem herben Verlust meines Traumes, alt zu werden, eingebettet in die Familie, die ich einmal gegründet hatte.

Ein kleines Zimmer bei meiner Mutter war jetzt mein Daheim. Alleine verbrachte ich abends meine Freizeit, ohne mich wirklich frei zu fühlen. Die Bank bestand energisch auf einem persönlichen Gespräch. Der Luxus war größer gewesen als das Einkommen.

Helden übernehmen Verantwortung

Der gemeinsame Kredit war nun meiner, das überzogene Bankkonto wurde ebenfalls von mir beglichen. Die Kreditkarte und die Karte für das Girokonto wurden eingezogen.

Weit hatte ich es gebracht. Immer gearbeitet, ohne Rücksicht auf Verluste. Arbeitslosigkeit war mir fremd, ich hatte wichtige Aufgaben auf dieser Welt zu erfüllen. Die wirtschaftliche Absicherung meiner ehemaligen Familie war meine Aufgabe, bis sich die Mutter meiner Kinder alleine etabliert hatte. Meine protzigen Alimente würden ihr eine Hilfe sein.

Mein persönlicher Etat verringerte sich und bewirkte eine neue Form der Bescheidenheit. Wer braucht schon so viel Essen? Reduzierter Nikotingenuss soll sowieso gesünder sein. Mein Idealgewicht war die Belohnung, die Rückkehr in bescheidene Lebensverhältnisse war mein Benefit. Das Leben ging weiter, die Kollegen würden nichts mitbekommen von diesem Dilemma. Die Patina des Helden durfte keinen Kratzer bekommen. Wieder von vorne beginnen, aber wie und wo?

Engel

Es war an einem Samstag im August. An dem Tag machte ich nicht bis zum Abend Dienst. Die Sonne schien herrlich: Badewetter! Freunde hatten mich eingeladen, sie in einem Schwimmbad zu treffen, sofern ich mich mal früher vom Job loseisen sollte, meinem Ein und Alles, meinem Beruf, meiner Welt, in der ich wer war. Die Folgen der Trennung waren auch meinen Kollegen aufgefallen, Mitgefühl und Verständnis wurden mir zuteil. Das Alleinsein und das Alleinfühlen gehörten nun zu meinem Alltag. Unglaublich, woran man sich doch gewöhnen kann!

Ich schnappte meine Badehose und ein Handtuch. Keine Taschen mit Getränken und Jause, Wechselwäsche für die Jungs, Luftmatratzen und Bällen. Kein hektisches Beladen des Autos und stressige Anfahrt zum überfüllten Freibad. Mir fehlten meine Söhne.

Mit meinem Päckchen traf ich am Liegeplatz der Freunde ein und fühlte mich willkommen. Als ich mich genauer umblickte, war sie da. Die Frau meiner geheimsten Träume. Lächelnd saß sie auf ihrer Decke und schaute mich lange an. Höflich wurde ich Susi vorgestellt. Meine Knie wurden weich. Dieser Engel konnte doch an mir kein ernsthaftes Interesse haben. Wer will schon einen gebrochenen Helden?

Diese Begegnung löste eine große Verwirrung in mir aus. Was war das in meiner Magengegend? Waren das die berühmten Schmetterlinge, die darin umherflatterten? Jetzt wollte ich es genau wissen. Diese Harmonie unserer beiden Wesen, diese ähnlichen Erfahrungen mit ehemaligen Partnern wurde noch getoppt. Susi war geschieden und lebte mutig und verantwortungsbewusst allein mit ihren drei Söhnen. Vorsichtig, aber unserer Gefühle sicher, begannen wir eine neue Ära in unserem Leben.

Neustart

Die Wunden der Vergangenheit heilten. Gemeinsam stellten wir uns den Finanzrückständen aus unseren vorherigen Beziehungen und fanden unseren Weg. Die Fehler von einst wiederholten wir nicht und achteten auf unser junges Glück.

Meinen ältesten Filius zog es zum Südpol. Er wollte dort sein Glück finden und seine Existenz gründen.

Die beiden jüngeren Söhne lebten getrennt von mir. Das gewohnte Arbeitsvolumen ließ selten ausreichend Zeit für Gemeinsamkeiten. Mein neues Zuhause war nicht die Heimat meiner Kinder. Warum konnten sie die paar Stunden bei mir nicht so glücklich sein, wie ich es war? Kleine Geschenke und Geldzuwendungen gaben mir das Gefühl, dass die beiden doch recht gerne mit mir zusammen waren.

Eine neue Familie

Nun war Patchwork angesagt. Mit den drei Söhnen von Susi und meinen drei Jungs hätten wir eine Handballmannschaft bilden können. Mit neuem Elan stürzte ich mich in die beruflichen Herausforderungen, die Erfolge kamen in Serie. Gemeinsam wurden die Schulden ab- und neue Reserven aufgebaut. Die Wohnung erlebte schon bald eine Renaissance. Susi und die Jungs sollten zufrieden sein.

Da gab es jetzt einen Mann, der gerne Verantwortung übernahm und seine Pflichten erfüllte! „Das sind nicht Deine Pflichten, das ist meine Aufgabe!" Solche und ähnliche Diskussionen hielten mich nicht davon ab, den Lebensstandard kontinuierlich zu verbessern. Die Wirtschaft in Österreich hatte wieder Freude an mir mit meiner Kaufwut.

Die Zahlungen der Alimente für meine Söhne verließen pünktlich mein Konto, niemand konnte sich beklagen. „Die Jungs haben Probleme mit der Trennung!", hörte ich bei jedem Gespräch mit meiner Ex-Frau. „Nur die Harten kommen durch …!", dachte ich.

In meinem Herzen sah es jedoch anders aus. Wieso waren meine Jungs nicht bei mir? Vater zu sein war doch immer mein Traum gewesen. Einer meiner Söhne lebte auf der gegenüberliegenden Seite des Erdballs, die beiden anderen nur zwei Kilometer entfernt. Doch alle drei schienen für mich unerreichbar.

Déjà vu

„Gerhard, wir brauchen diesen Luxus nicht, wir wollen nur, dass es Dir gut geht!" Mutig saßen sie vor mir, Susi und ihre Söhne, die zu jungen Männern herangewachsen waren. Wie sollte ich ihnen das nur vermitteln, dass eines für mich sehr wichtig, sogar lebensnotwendig ist: Ich muss ein Held sein!

Der Grund für mein Dasein ist doch, immer verlässlich für die Anderen zu funktionieren. Wie sollten sie das verstehen? Sie hatten nicht meine Kindheit gelebt, nicht diese Ängste gespürt. Sie mussten nicht als Kind erwachsen sein und Verantwortung tragen.

Meine geliebte Mutter war beinahe an den Sorgen um ihre anderen Kinder zerbrochen. Ihre Liebe zu uns Kindern gab ihr unermessliche Kraft und nahm ihr gleichzeitig alle Energie. Mein stolzer Vater hatte sich damit abgefunden, im heroischen Kampf um die Existenzsicherung dahinzuvegetieren. Geleitet von der ewigen Sehnsucht nach den Kindern, von denen oft monatelang, manchmal jahrelang keine Nachricht kam. Leben sie noch? Sind sie gesund und geht es ihnen gut? Nein, so etwas wird mir niemals passieren, dafür gebe ich alles! Das ist doch der wirkliche Sinn in meinem Leben!

Crash

Eine Nacht im Herbst vor fünf Jahren. Ich starre ins Dunkel des Schlafzimmers. Neben mir höre ich Susis leise Atemzüge. Diese Schmerzen! Die Brust drückt, dass mir die Luft wegbleibt. Warum ist mein Polster so unangenehm feucht und kalt? Das kommt wohl von dem kalten Schweiß, den ich auf der Stirn fühle. Die Haare sind nass, als ob ich aus der Dusche gekommen wäre. Den linken Arm lasse ich unbeweglich neben dem Rumpf liegen. Das Ziehen wird immer stärker und macht mir Angst.

Hätte ich nur nicht so uppig vor dem Zubettgehen gefuttert. Wieder mal nur gefrühstückt, und das zeitig am Morgen. Von Kaffee und Zigaretten wird man tagsüber nicht richtig satt. Das regelmäßige Abendessen vor dem Fernseher habe ich mir doch verdient. Nach so viel Anstrengung tagsüber, dem Stress und Ärger im Beruf steht mir das feine Essen wohl zu. Fett und kalorienreich soll es sein, denn ich habe mich heute wieder ausgelaugt. Zur Belohnung gibt es, wie so oft, etwas Süßes, bevor mich die Müdigkeit übermannt. Ein feines Pfeifchen mit aromatischem Tabak als krönender Abschluss darf nicht fehlen.

Warnschuss

Das Ziehen im Arm hört nicht auf, es wird stärker. Du Idiot! Nicht nur die Waage sagt Dir, dass Du abnehmen sollst. Und Rauchen ist schädlich. Regelmäßige Bewegung hätte Dir nicht geschadet.

Du warst mal eine Sportskanone! Ob Handball, Kampfsport oder Tennis, mein Ehrgeiz hatte mich stets zu guten Leistungen getrieben. Halbmarathondistanzen zählten noch vor einigen Monaten zu meinen Freizeitaktivitäten. Die Gelenke und der Rücken machten mir bald einen Strich durch die Rechnung. Die alten Sportverletzungen und Operationen reduzierten meine Einsatzfähigkeit auf ein Minimum. Billard war in der letzten Zeit mein einziger „Sport", aber dafür war ich im Spiel mit drei Kugeln sehr bemüht. Der Druck in der Brust wird jetzt unerträglich. Vorsichtig stoße ich Susi an der Schulter.

Sanitäter umstellen wenig später mein Bett. An meiner Brust kleben Kabel, ein Blutdruck-Messgerät summt. Der freundliche Arzt liest das Ergebnis ab, das ein mobiles EKG ausgeworfen hat. „Ich kann im Moment nichts Auffälliges erkennen, zur Beruhigung gebe ich Ihnen eine muskelentspannende Injektion." Wir sollten erneut einen Notarzt rufen, falls sich später so ein Vorfall wiederholen sollte. Im Moment genüge es, wenn ich daheim im Bett bliebe und möglichst bald wieder einschlafe. Kein Herzinfarkt! Noch mal davon gekommen!

(Un)Vernunft

Bereits Tage später war wieder Alltag angesagt. Ein bisschen achtsamer, mit Bedacht auf gesündere Ernährung, dem Vorsatz, das Rauchen zu reduzieren und die körperliche Fitness zu verbessern. Meine Disziplin im Beruf war vorbildlich, die Kontinuität meiner Leistung ein Beispiel aus dem Buch „Leitfaden für erfolgreiche Manager". Die Welt des Handels hatte mich wieder.

Die Absicht, nicht in alte Verhaltensmuster zurückzufallen, hielt nicht sehr lange vor. „Sobald Zeit übrig bleibt, fange ich damit an. Bis jetzt ist es, bis auf diesen kleinen Aussetzer, doch auch immer gut gegangen!" Unzweifelhaft war mir bewusst, dass ich einige Veränderungen durchlebte. Das musste wohl am Alter liegen, denn in Kürze stand mein Fünfzigster ins Haus. Die Magengeschwüre waren Vergangenheit. Dass die Nervosität in den letzten Monaten stärker wurde, schrieb ich der altersbedingt verminderten Stressresistenz zu.

Mein Gefühl, ein Einzelkämpfer in dieser Gesellschaft zu sein, wuchs stetig. Daraus resultierend verließ ich mich vermehrt auf meinem Humor, der mir immer dann gut tat, wenn er in Zynismus gekleidet war. Hin und wieder Schwindelgefühle und ein Pfeifen im Ohr nahm ich gelassen hin. Mich brachte nichts aus der Ruhe.

Gefühle?

Mich störte mehr, dass ich bei traurigen Szenen in Filmen oder melancholischer Musik mit meinen Tränen zu kämpfen hatte. „Echte Männer weinen nicht!" Die Vergangenheit schien mich einzuholen. Andere waren Faulsäcke, die auf meine Kosten lebten und mir tagtäglich mit ihrer Schmarotzerphilosophie begegneten.

Meine Mitarbeiter im Team wurden auch immer wehleidiger. Immer dieses Gejammer, dass der Druck von mir zu stark sei. Das sei doch früher mal ganz anders gewesen, meinten sie. Dieser Druck kam doch nicht von mir, der kam von der Konkurrenz, den Kunden, der Geschäftsführung. Die können alle nicht bescheiden bleiben, immer muss es „noch ein bissl mehr" sein. Wo waren nur die Zeiten, wo alles so gut funktioniert hatte, meine Systeme beinahe fehlerlos und reibungslos gelaufen waren?

Das Herz

Was ist jetzt los? Ich bekomme kaum Luft. Angst überwältigt mich, bringt mich zum Schwitzen. Mein Herz macht Probleme, Schmerzen ziehen meinen linken Arm bis zum Hals hinauf. Als läge ich in einer Presse, spüre ich, wie der Druck auf meinen Körper stärker wird. Warum ist Licht im Schlafzimmer, mitten in der Nacht? Wie spät ist es denn? Wo ist Susi?

Als ich wieder zu mir komme, finde ich mich auf einer Trage wieder, die von einem jungen Sanitäter zum Rettungsfahrzeug geschoben wird. Susi hält meine Hand und erzählt mir, dass ich für kurze Zeit ohnmächtig gewesen sei. Große Angst überkommt mich, in mir scheint eine Stimme zu schreien: „Ich will leben!"

Der zweitägige Aufenthalt mit diversen Untersuchungen brachte ein für uns überraschendes Resultat. Kein Herzinfarkt! Nur Befunde, Spuren und Zeichen, die meinem Alter und meinem aktuellen körperlichen Zustand entsprechend normal waren. Keine Hinweise auf die Ursache der nächtlichen Beschwerden. Mein Internist, der mich betreute und beriet, übergab mir eine Visitenkarte. Mit einem verständnisvollen Lächeln und den Worten: „Herr Hös, ich kann für Sie im Moment nichts mehr tun. Sprechen Sie doch mal mit dieser Kollegin!" überließ er mich meinem Schickal. Eine Fachärztin der Psychiatrie. Weit hatte ich es gebracht. Zum Seelenklempner beordert. Wohl nicht mehr alle Tassen im Oberstübchen! Das ist doch kein Platz für Helden!

Erkenntnis

Gekleidet in teuren Zwirn, Businessstyle, saß ich nun im Wartezimmer. Es war freundlich eingerichtet und gut gefüllt. Junge und alte Menschen saßen dicht an dicht. Einige hatten sehr ernste oder abwesende Blicke, andere wirkten freundlich auf mich. Die Zeit schien nicht zu vergehen, Menschen wurden aufgerufen, es herrschte ein Kommen und Gehen.

Eine junge Frau im weißen Kittel rief mich auf und holte mich in einen Nebenraum. Sehr höflich und einfühlsam wurde ich nach dem Grund meines Besuchs gefragt. Nach einigen einfachen Untersuchungen und spezifischen Fragen wurde ich in den Warteraum geführt. Die Zeit schien still zu stehen. Leise Musik ertönte aus den Lautsprechern. Die Atmosphäre empfand ich als beklemmend.

Aus einem Zimmer vernahm ich lautes Weinen und Jammern. Wenig später wurde eine junge Frau von Sanitätern abgeholt. Der Weg führte in eine psychiatrische Anstalt. Die Frau wimmerte und flehte darum, nicht mitfahren zu müssen.

Was hatte ich denn hier verloren? Unruhe stieg in mir hoch, die Ungeduld wurde stärker. Meine Handflächen schwitzten stark, mein Mund fühlte sich trocken an. Mein Herz klopfte spürbar. „Herr Hös, bitte!"

Unangenehme Wahrheiten

Die Ärztin wirkte gleich sympathisch auf mich. Bei dem folgenden Gespräch fiel mir allerdings auf, dass ich in meinen Ausführungen durch provokant wirkende Fragen unterbrochen wurde. Es war doch alles in Ordnung mit mir! Ich fühlte mich stark und war doch nur hier, weil mein Internist mir diese Visitenkarte gegeben hatte. „Wissen Sie, was mit Ihnen los ist?", fragte mich Frau Doktor. „Ich dachte, das erfahre ich von Ihnen?", war meine Gegenfrage. „Sie sind fertig, Herr Hös!" Diese Aussage krachte wie ein Fausthieb auf mich nieder. Das konnte doch nicht stimmen, ich war doch gut drauf und hatte Power!

„Sie haben ein massives Burnout mit daraus resultierenden Depressionen." Diese Diagnose folgte unmittelbar darauf. Meine ungläubigen Augen hatten mich wohl verraten. „Ich doch nicht! Das kann doch nicht sein. Burnout bekommen nur die Schwachen!" In diesem Moment schien meine perfekt konstruierte innere Welt massiv zu schwanken. „Willkommen im Club der Schwachen und Kranken im Geiste. Das hast Du nun davon!"

Aufbau

In der Folge war ich krankgeschrieben mit der Auflage, ab sofort „Ruhe zu geben". Medikamente sollten mich dabei unterstützen. Ich erhielt die Karte einer Psychologin für eine begleitende Therapie. Mit diesen Nachrichten machte ich mich auf die Heimreise. Susi nickte nur zustimmend, als ich ihr von den Neuigkeiten berichtete. „Wie lange habe ich Dir schon gesagt, dass Dein Lebensstil nicht gutgehen kann. Aber Du hörst nicht auf uns, weil Du sowieso alles besser weißt!"

Das saß. Ich musste mir eingestehen, dass meine Frau (wir hatten vor kurzem geheiratet) offenbar recht genau wusste, was für mich gut ist. Die nächsten Tage blieben mir als besonders peinlich in Erinnerung. Meine Vorgesetzten wurden von meinem Ausfall in Kenntnis gesetzt. Kollegen meldeten sich besorgt bei mir.

Der Held ist gebrochen

Was nun folgte, war eine Phase der Selbstverurteilung. Wenn ich nicht schlief oder bewegungslos in einem Sessel hing, zermarterte ich meinen Kopf, wie es soweit hatte kommen können. Was hatte ich übersehen, was hatte ich unterlassen? Was hätte ich anders machen sollen?

Die Tage waren gekennzeichnet von großer Müdigkeit und immensem Selbstmitleid. Das kann doch nicht der Lohn dafür sein, das ich immer redlich und fleißig war. Was ist mit den Anderen, die um ihre Verantwortung einen großen Bogen machen, die sich mit simplem Leben zufrieden geben, die lieber arbeitslos sind, als ihr Leben in die eigenen Hände zu nehmen? Noch nie hatte ich von Arbeitslosen gehört, die unter einem Burnout litten.

Schlafen, nur schlafen ... Wie spät ist es denn? Und welchen Tag haben wir? Susi ist noch auf der Arbeit, und der jüngste Sohn, der noch bei uns wohnt, sitzt am Computer in seinem Zimmer. Ach ja, er hat heute dienstfrei.

Mein Magen knurrt, ich suche in der Küche nach Essbarem. Die Suche ist erfolgreich. Ein Tablett mit feiner Kost begleitet mich in mein Schlafzimmer. Eine Talkshow unterhält mich beim Essen, aber ich höre nicht zu. In meinem Kopf hält sich eisern ein dumpfes Gefühl. Nach dem Essen falle ich ins Bett zurück und schlafe ein.

Heute habe ich einen Termin bei der Psychologin. Welche öffentlichen Verkehrsmittel bringen mich zu ihr? Mein Auto steht in der Garage. Schwindelgefühle halten mich davon ab, mich in den Straßenverkehr zu zwängen.

Verdammt! Was soll ich anziehen? Die Sachen, die ich vor Monaten getragen hatte, passen nicht mehr. Ich ziehe die schwarze Jogginghose und den XXL-Sweater an. Heute sind wieder Biofeedback und Gesprächstherapie an der Reihe. Das gefällt mir, denn nach jedem Termin fühle ich mich besser, meine Entspannungsfähigkeit nimmt zu.

Abschied

Dennoch löste ich mein letztes Arbeitsverhältnis nach beinahe 19 Jahren im Einzelhandel, wir trennen wir uns freundschaftlich. Die Geschäftsführung signalisierte, dass ich jederzeit zurückkehren könne. Damals durchlebte ich Trauer wegen des Abschieds von der Tätigkeit und den Aufgaben, die mich so erfolgreich gemacht hatten und die ich liebte. Gleichzeitig bemerkte ich, dass mir mit dieser Trennung ein großer Stein vom Herzen fiel. Die Verwirrung in mir war unbeschreiblich.

Es geht aufwärts

Ein halbes Jahr war vergangen, und ich spürte das Verlangen, in den beruflichen Alltag zurück zu kehren. Zurück in mein altes Unternehmen wollte ich nicht: Die Angst vor einem Rückfall in alte Muster und vor einer Dynamik, die ich nicht steuern konnte, war zu groß. Die Ungeduld des Kontrollarztes wegen der Dauer meines Krankenstandes und des nicht unbeträchtlichen Krankengelds war spürbar. „Arbeitsversuch" war das Zauberwort, und ich fand mich am nächsten Morgen auf dem Arbeitsamt wieder. Da war ich ja noch nie gewesen!

Das endlose Stehen in der Warteschlange war für mich sehr befremdend. Einen Schritt weiter nach vorn, sobald ein Name aufgerufen wurde. Willkommen als Bittsteller.

Kein Ort für Helden

Freundlich und kundenorientiert wurde ich betreut. Das Bemühen der Mitarbeiter war spürbar. Tatsache war jedoch, dass es keine offenen Stellen zu vermitteln gab für einen über 50jährigen ehemaligen Manager. Immerhin wollte eine Versicherungsgesellschaft mich auf Grund meiner Vergangenheit als Versicherungsvertreter kennen lernen. Obwohl mein aktueller Gehaltswunsch bereits weit unter meinem letztem Einkommen lag, klaffte der Abstand der Vorstellungen auseinander wie der San-Andreas-Graben im Pazifik. Weitere Bewerbungen und Vorstellungsgespräche mit ähnlichen Resultaten folgten. Alle hatten eines gemeinsam:

Niemand braucht mich!

Das Selbstbewusstsein der Vergangenheit hatte sich in enorme Selbstzweifel gewandelt. Fortan konnte ich mich nicht mehr von dem Gedanken befreien, im beruflichen Kontext ein Fossil zu sein. Es gab keinen Bedarf für einen wie mich. Zwar beruflich erfahren und versiert, galt ich als zu alt und vermutlich zu schwierig. Die Arbeitslosigkeit schien mein neuer Status zu werden!

Welche Ironie! Beinahe zwei Jahrzehnte hatte ich auf der gegenüberliegenden Seite von Bewerbern für einen Arbeitsplatz gesessen, hatte hunderte Bewerbungsunterlagen zu prüfen und eine entsprechende Zahl an Bewerbungsgesprächen zu führen. Jetzt gab man sich große Mühe, mich zu schulen, wie ich mich auf der Suche nach einem Arbeitsplatz richtig verhalten sollte.

Das hat doch alles keinen Sinn!

„Unverhofft kommt oft!" Bei einem Mittagessen mit einem Freund, der über lange Zeit mein Vorgesetzter gewesen war, erzählte ich von meinem Dilemma. Er bekleidete seit einiger Zeit eine Position im gehobenen Management eines Großhandelskonzerns. „Wenn Du einen Job in Deiner Firma frei hast, dann denk bitte an mich! Es muss keine Vollzeitanstellung sein, zum Start genügt auch eine Teilzeitbeschäftigung."

Er kannte meine Einsatzbereitschaft und meine Flexibilität. Nach diesem Gespräch blieb mir ein bitterer Nachgeschmack. Wie hatte ich fast gewinselt um seine Hilfe. Beinahe bekniet hatte ihn, bedrängt und genötigt, mich zu unterstützen. „Halte Dich stets gerade und zeige, dass Du ein Mann bist!" Vergiss diesen Satz, Du Häufchen Elend!

Neubeginn

Einige Tage später befand ich mich auf dem Weg in die Zentrale in Niederösterreich, sollte zum Kennenlernen der Unternehmensstruktur als Teamleiter in Wien fungieren. Schon beim Erstgespräch mit dem Big Boss lernte ich die Philosophie des Unternehmens kennen. Für diese Menschen zählten allein die Fähigkeiten und die Bereitschaft, gemeinsam erfolgreich zu sein.

Mein Alter stand nie zur Debatte. Vielmehr freute man sich auf meine reichhaltige Berufserfahrung. In mir manifestierte sich der Eindruck, dass ich dafür bewundert wurde, mit wie viel Einsatz ich für ein Unternehmen tätig sein kann. Dass ich mich ohne Rücksicht auf die eigene Gesundheit zerreiße, um Erfolg zu haben, gehörte zu meinen Standardsätzen. Das erlittene Burnout sah ich als Auszeichnung für mein ehrenvolles Tun.

Der Held war genesen!

Auf Grund des immensen Drucks durch einige konkurrierende Großhandelskonzerne hatte der Standort erhebliche Probleme. Gemeinsam mit meinen Vorgesetzten planten wir entsprechende Maßnahmen. Der große Schatz an Erfahrung und Wissen und gegenseitiges Vertrauen schweißte uns zu einem starken Team zusammen. Mit frischer Kraft und neu antrainierter Fitness stellte ich mich der neuen Herausforderung. Mit dem Team aus über 100 Mitarbeitern beschlossen wir Projekte und setzten diese erfolgreich um.

Mein Aufgabengebiet war ähnlich wie im vorherigen Unternehmen. Einzig die Regeln und Gesetzmäßigkeiten des Großhandels musste ich erlernen und verinnerlichen. Schon bald sprach man in den höchsten Tönen von mir und meinen positiven Leistungen für das Unternehmen. Man schätzte mich und Anerkennung wurde mir sehr oft zuteil. Der respektvolle und menschliche Führungsstil war ein wichtiger Teil des Firmenleitbildes.

Mein Wort hatte wieder eine hohe Wertigkeit, meine Mitarbeiter und Kollegen erkannten offensichtlich meine Potentiale.

Déjà vu (das zweite)

„Ich gehe in die Garage und hol das Auto, mein Schatz!", rief ich meiner Frau zu. Es war halb sechs am Morgen und ich war fertig angezogen. Ich wollte meine Susi zu ihrer Arbeitsstelle chauffieren und anschließend direkt zu meinem Standort fahren, um wie immer schon sehr zeitig in meinem Büro sein zu können. Da stand ich nun vor meiner Wohnungstüre, in Winterschuhen und in meinen schwarzen Mantel gehüllt.

„Ich schaffe das nicht ...". Eine unsichtbare Hand schien mich festzuhalten. Meine Kraft reichte nicht aus, um durch diese Türe zu gehen. So sehr ich mich auch anstrengte, ich stand wie angewurzelt im Vorzimmer und starrte auf diese Türe. Später erfuhr ich von meiner Frau, dass sie mich leicht verwirrt, schweißgebadet, mit hochrotem Gesicht und weit aufgerissenen Augen vorfand.

Rückfall

Am nächsten Tag saß ich wieder im Warteraum meiner Psychiaterin. Leise Musik tönte aus den Lautsprechern. In mir war seit dem gestrigen Vorfall etwas zerbrochen. Rückblickend kann ich mich nicht daran erinnern, wie lange ich gewartet habe. Irgendwann wurde mein Name aufgerufen und ich blickte meiner Ärztin in die Augen. „Jetzt haben Sie es wieder geschafft!" Es war schon lange her, dass ich mit ihr gesprochen hatte. Ihre damaligen Hinweise, mehr auf mich zu achten, kamen mir jetzt wieder in Erinnerung. „Schwere Depressionen auf Grund eines neuerlichen Burnouts" lautete die aktuelle Diagnose.

Finsternis

Bald ist es geschafft! Ein Lächeln überzog mein Gesicht. Der Gedanke hatte wieder eine befreiende, beinahe erlösende Stimmung in mir erzeugt. Mein Kampfgewicht hatte alle bisherigen Rekordmarken übertroffen. Anzug und Krawatten hatte ich schon seit langem gegen Schmuddelkleidung in Übergröße getauscht. Mein Tagesablauf war monoton. Einige Stunden schlafen, essen, stupide Sendungen glotzen, Patience am Computer legen. Dazu hörte ich Musik aus dem Kopfhörer.

So konnte ich mich ungestört den morbiden Gefühlen zu melancholischen Songs hingeben. Nicht selten wandte ich mich ab, wenn Susi oder einer der Jungs ins Zimmer kam. Meine Tränen in den Augen sollte keiner sehen, denn so viel Stolz schien ich noch zu haben ... Oder war es Scham? „Männer weinen nicht!" Immer öfter bemerkte ich, wie meine Frau mich heimlich beobachtete, wie sie manchmal versuchte, mit ruhiger Stimme zu mir vorzudringen. „Tu was, such Dir ein Hobby, lies doch ein Buch, beginne wieder mit Deinem geliebten Sport!"

Wie soll ich ihr nur beibringen, dass ich nicht mehr will? Das Leben hat doch keinen Sinn für mich. Susi braucht mich nicht, um zurechtzukommen, denn sie ist eine starke, mutige und selbstständige Frau. Unsere Söhne sind mittlerweile alt genug, um für sich selbst zu sorgen. Mein Testament hatte ich bereits in der ersten Burnout-Phase bei einem Notar aufgesetzt. Susi würde es finden, wenn sie Dokumente für die Formalitäten zu meiner Beerdigung benötigte.

Rückzug

Manchmal ging ich in die Öffentlichkeit. Nur einkaufen, das machte ich nicht mehr. Seit langem konnte ich einen Supermarkt nur in Begleitung betreten, wurde dort von Panikattacken heimgesucht. Schon bei einer kleinen Menschenansammlung beschlichen mich Fluchtgedanken. Familienfeiern, die immer seltener wurden, konnte ich nur für kurze Zeit beiwohnen.

Das Lachen fiel mir schwer, und ich hatte permanent Sehnsucht nach meinem verdunkelten Schlafzimmer, nach meinem roten, speckigen Lehnstuhl.

Hier fand ich Frieden. Diese Isolierung war mir nur Recht. Ein Gefühl der inneren Leere begann sich breit zu machen, es wurde von Tag zu Tag stärker. Susi hatte aufgegeben, mir zu berichten, wenn Freunde oder Familienmitglieder nach mir fragten. Auch die Kollegen stellten die Anrufe ein.

Die Tage vergingen ohne Höhepunkte, verliefen beinahe mechanisch. Meine Psychologin empfand ich als hilflos gegenüber meinem Zustand. Ihre Bemühungen, mich aufzubauen, scheiterten an meiner Willenlosigkeit. Bei einem der Gespräche mit meiner Psychiaterin war ich endlich bereit, um Hilfe zu bitten.

Zögern

Nie gestand ich Susi oder meiner Ärztin, wie sehr ich mich nach dem Tode sehnte. Der Gedanke an einen Aufenthalt in einer Klinik weckte in mir den Wunsch, mich sofort zu suizidieren. Heute bin ich davon überzeugt, dass nur die fragenden Augen meiner Frau mich an diesem Schritt hinderten. Diese Augen, die mich seit unserem ersten Treffen verzückten, schienen mir zu sagen: „Bleib bei mir!"

Frau Doktor empfahl mir eine sechswöchige Therapie in einem Rehabilitationszentrum für psychische Erkrankungen. Ohne Glauben an eine positive Wirkung auf meinen jämmerlichen Zustand willigte ich ein. Wenn das vielleicht auch nicht helfen sollte, dann würde es wohl zumindest nicht schaden. Mehr widerwillig packte ich meinen Koffer, denn noch nie war ich von Susi für so einen langen Zeitraum getrennt gewesen.

„Was kommt in der Reha auf mich zu?" Angst begleitet mich. Ich, der früher ohne Furcht in neue Situationen ging, der sich meistens erfolgreich durchsetzte. Nun war ich nur ein Häufchen aus Furcht und Unsicherheit. Wo konnte ich mich festhalten, wenn diese komischen Gedanken wieder aufkamen? Gedanken, die ich als ein „déjà vu" empfand, Situationen und Momente, die ich vermeintlich bereits vor langer Zeit erlebt hatte. Diese Phasen wurden begleitet von Übelkeit und Schwindelgefühlen.

Wendepunkt

Da stand ich nun, mitten im schönen Burgenland. In einer Hand meinen Koffer, an der anderen meine Frau. Jetzt wurde es ernst. Nach dem Einchecken in der Klinik musste ich mich schweren Herzens von Susi und meinem Sohn verabschieden. Danach ging ich auf mein Zimmer, das ich mit einem anderen Patienten teilte und verweilte verloren auf dem Balkon. Fünf Wochen später saß ich beim Frühstück mit anderen Patienten. Bereits am Morgen ein Scherzchen – wir hatten das Lachen für uns wieder entdeckt. Nie hätte ich daran geglaubt, hier zu sitzen und mich wohl zu fühlen. Was war geschehen?

Bereits eine Stunde nach meiner Ankunft hatte ich ein Erstgespräch mit dem verantwortlichen Chefarzt. Irgendwie hatte ich bereits zu diesem Zeitpunkt das Gefühl, dass mich dieser Mann auf Anhieb verstand. Ich fühlte mich, als sei ich ein offenes Buch für ihn. An diesem Zeitpunkt begann ich, über mich nachzudenken, versuchte ich zu verstehen, was mit mir passiert.

Die erste Gruppentherapie wurde für mich zur Höllenfahrt meiner Gefühle. Die Stories der restlichen elf Patienten waren jede für sich ein Ausdruck der Hilflosigkeit gegenüber den Anforderungen der heutigen Gesellschaft. Die Schicksale berührten mich tief, aber viel mehr noch wurde ich von meinem Entsetzen überrascht.

Noch am Abend flehte ich meine Frau an, mich hier heraus zu holen. Mit Schrecken erkannte ich, das sich der Vorhang vor meinem Ich vorsichtig zu lichten begann. Was sich dahinter verbarg, konnte ich kaum glauben. Erst langsam begriff ich, welche Seiten in mir zum Vorschein gekommen waren. Und alle gehörten sie zu mir!

Helden sind auch Menschen!

Nun galt es, mich mit mir auseinander zu setzen, mich zu erkennen und mich zu akzeptieren. Doch es war noch lange nicht so weit. Für die Einzelgespräche wurde mir eine junge Psychologin zugeordnet. Über Wochen ließ ich sie spüren, dass ich von ihr keine Hilfe erwartete und dass alle ihre Bemühungen keinen Erfolg haben würden.

Noch immer jammerte ich, dass ich den Sinn in meinem Leben nicht sehe, denn alles Wichtige hätte ich bereits getan. Nur noch dem Staat zur Last fallen, seelisch und geistig zu verkümmern, vielleicht meiner Familie das Leben schwer machen, das war für mich alles andere als sinnvoll.

Gerade diese Frau stellte mir in der fünften Woche etwas genervt die Frage: „Herr Hös, muss denn bei Ihnen immer Alles wichtig sein? Das Leben sollte doch lebenswert sein, und da ist nun mal nicht alles wichtig, auch wenn es notwendig ist!" Da war sie auf einmal – die Lösung! Ich will nicht mehr wichtig sein müssen, denn Ich bin kein Held! Ich will nicht mehr funktionieren müssen, denn: Ich bin ein Mensch!

Balance

Seit dieser Zeit begann ich, mit voller Achtsamkeit zu leben. Achtsamkeit war der Schlüssel zu meiner Genesung. Zu meiner körperlichen Verfassung, die ich täglich durch Sport verbesserte, zu meiner mentalen Stärke, die ich durch die wiederentdeckte Meditation steigerte, gesellte sich noch etwas Wesentliches: Der Glaube an mich selbst! Es fiel mir nun zunehmend leichter, mich zu akzeptieren.

Immer mehr verstand ich, wie ich „tickte". So wie ich bin, das ist für mich „normal", unabhängig davon, wie mich die anderen sehen. Jeden Tag konnte ich neue Seiten an mir entdecken, und das war eine feine Sache. Meine innere Balance besserte sich merklich, die innere Ruhe und Gelassenheit spürte ich mit Wohlgefallen.

Die neue Toleranz gegenüber meinen Mitmenschen sorgte für einige Überraschungen. Besonders das Zuhören, ohne sofort zu bewerten, und gelebte, achtsame Empathie sind heute wichtige Fähigkeiten, die mir in der Vergangenheit abhanden gekommen waren.

Das richtige Verhältnis von Spannung und Entspannung wurde ein wichtiger Teil meines Alltags. Früher war ich perfekt in Planung und Umsetzung, wenn es um berufliche Belange ging. Heute denke ich zuerst an mich und an meine Bedürfnisse und richte meine Aktivitätsplanung danach aus.

Gesunder Egoismus

Dieser Egoismus hat für mich oberste Priorität, ist für mich überlebenswichtig. Er ermöglicht es mir, für andere Menschen da zu sein. Die bitteren, aber notwendigen Erfahrungen der letzten Jahre und aktuelle Erkenntnisse reiften zu einer klaren Vorstellung.

Mein Wissen werde ich zukünftig für Menschen einsetzen, um sie vor einem ähnlichen Schicksal zu bewahren. Zu großem Dank bin ich den Spezialisten verpflichtet, die mich dabei unterstützten, zurück auf den Weg des Lebens zu gelangen. Meine Erfahrungen zeigen mir, dass in der Burnout-Prävention sehr viel zu tun ist.

Die Gesellschaft wird vermehrt über das Syndrom und die begleitenden Auswirkungen informiert. Doch Aufklärung alleine genügt nicht. Meistens ist es den gefährdeten Personen unterschwellig bewusst, dass sie sich längst in der Burnout-Spirale abwärts drehen. Aber: die Kunst der Selbstverleugnung und der Verdrängung ist weit verbreitet!

Lerneffekte

Mein Gang über den steinigen Weg der Gefühle hat mich verändert. Einige meiner Ängste habe ich abgeschüttelt, andere keimen nur noch selten auf. Mein Mut ist erstarkt, der Glaube an meine Fähigkeiten ist zurückgekehrt. Seit dieser Zeit verschlang ich eine Vielzahl an spezifischer Literatur, sprach mit ehemals Betroffenen, machte einschlägige Ausbildungen, die ich erfolgreich abschließen konnte und verbesserte permanent mein fachliches Wissen.

Die berufliche Selbstständigkeit habe ich bewußt gewählt, denn hier bin ich alleine für Erfolg und Misserfolg verantwortlich. Das begleitende Risiko spornt mich an, ohne dass ich meine Grenzen missachte. An Tagen mit überdurchschnittlich vielen Aufgaben zeigt mir mein Körper die Belastung rechtzeitig an. Bewusstes Atmen, kurze Meditationen, einfache Tai Chi Formen, beinahe simple Achtsamkeitsübungen sind für mich ideale Bremspedale.

Vorbild sein

Mit Freude erlebe ich, wie die Menschen durch mein Coaching ihre Lebensbalance verbessern und sich der eigenen Wertigkeit immer bewusster werden. In meinen Seminaren und Vorträgen ist mir die Weitergabe von Informationen zu Stress und Burnout wichtig. Die oberste Priorität hat für mich, dass jeder Teilnehmer und Zuhörer mit dem Vorsatz heimgeht, mehr auf sich zu achten. Das Feedback dieser Menschen bestätigt meine Devise: Ich bin überzeugt, dass rechtzeitiges Erkennen von Ursachen wichtiger ist als das Bekämpfen der Auswirkungen!

Nur verbrannt, nicht ausgebrannt

Ausgebrannte Asche kann nicht mehr brennen, sie bleibt Asche. Ich hingegen lebe, habe den Sinn des Lebens wieder entdeckt. Mit jeder Faser meines Herzens bedanke ich mich bei meiner Frau Susi, die immer für mich da ist, ob die Sonne scheint oder ob schwere Unwetter über uns herziehen. Ebenso mein Dank an meine Söhne, Familie, Freunde und Kollegen, die mich nie aufgaben.

Mein Lebensmotto lautet: „… es tun ist Erfolg!"

Gerhard Hös, 55 Jahre, ist verheiratet. Er arbeitet als Unternehmensberater und Dipl. Burnout-Manager. Seine Karriere wurde, entgegen seiner Planungen, gestoppt. Über einen langen Weg aus dem dunkelsten Winkel seines Ichs fand er wieder in ein balanciertes Leben zurück.

An Ärger festhalten ist,
wie nach einer heißen Kohle zu greifen,
um sie nach jemandem zu werfen.
Du bist derjenige, der sich daran verbrennt.

Gautama Buddha

Es geht um mein Leben

Der Jakobsweg ist ein seit jeher aus unterschiedlichen Gründen genutzter Weg. Fromme Menschen erliefen sich mangels Geld den Ablass ihrer Sünden und ihrer Schuld. Die spirituelle Grenzerfahrung auf dem Weg reinigte die Seele. Mein Weg begann im Juni in Hamburg aus einem außerordentlich wichtigen Grund. Es ging um mein Leben. Es ging darum, dieses mit Freude am Sein neu zu gestalten. Was war geschehen?

Bei allem, was ich tat und dachte, fühlte ich mich in der Opferrolle. Mir drängte sich stets der Wunsch auf, mich zu rechtfertigen; sowohl vor mir selbst als auch vor jedem anderen. Egal ob gefragt oder ungefragt: Ich redete wie ein Wasserfall. Auch erklärte ich ausgiebig, was weder der Erklärung bedurfte noch überhaupt hinterfragt worden war.

Das Resultat, die Reaktion meines Umfeldes, war absehbar. Zudem fühlte ich mich während meiner Ehe und auch danach immer öfter wertlos und wie ein Versager. Wie kommt es dazu, sich als Versager zu fühlen? Grundsätzlich geht das leicht. Es gibt ein einfaches Rezept dafür:

Versagerkekse (Rezept für eine Person)

Zutaten:
- sieben bis neun Nöler oder Meckerer
- ein bis vier Arbeitsplätze auf Probe
- etwas Selbstunsicherheit
- eine Prise Zeit

Man lasse die Meckerer und Nöler aus seinem Umfeld ständig meckern, kritteln und kritisieren. Diese setzen genügend negative Energie frei, um früher oder später den Teig aus Selbstzweifeln aufgehen zu lassen. Verbunden mit über die Zeit wachsender Unsicherheit gehen während einer Probezeit locker ein bis vier Arbeitsplätze verloren. Fertig ist der Versagerkeks.

Verlassen

Aufgrund der äußeren Umstände, die ich in mein Leben gelassen hatte, fühlte ich mich nicht nur unfähig und nutzlos, sondern irgendwann auch ungeliebt. In dieser Zeit hatte ich auch aufgehört, mich selbst so zu lieben und zu akzeptieren, wie ich war und bin. Menschen wendeten sich von mir ab. Immerhin verschwanden auch die Meckerer und Nöler aus meinem Leben und ließen mich zurück. Dieses Verlassenwerden begriff ich später als Chance, um neu und positiv anfangen zu können.

Zunächst hinterließ der Abschied der negativen Einflüsse bei mir jedoch eine riesige Lücke, ich fühlte mich ausgebrannt und leer. Und sah mich vor der Aufgabe, selbst wieder herauszufinden und das Leben mit Sinn und Freude zu füllen. Demotiviert gestimmt, ist dies ein scheinbar aussichtsloses Unterfangen. Das Ergebnis ist oft, weiter herumzusitzen, in den Tag hinein zu grübeln und alles zu vernachlässigen, inklusive der eigenen Person. Ernährung, Bewegung und Körperhygiene werden unwichtig. Das kann der Beginn eines Burnouts oder einer Depression sein.

Der längste Weg beginnt mit dem ersten Schritt

Als ich erkannt hatte, dass ich mich in einem emotionalen Loch befand, wusste ich immerhin mehr als jemand, der in seiner gedanklichen Tretmühle bleibt. Dieser bin ich entkommen, indem ich mich auf den Weg gemacht habe. Er führte mich über fast 3.000 Kilometer von Norddeutschland bis zum Atlantik. 2.000 Kilometer fuhr ich mit dem Auto und die letzten 1.000 Kilometer ging ich zu Fuß – als Jakobspilger.

Kein Geld, keine Freundin, kein Zuhause

Bis April 2010 hielt ich Vorträge über Erneuerbare Energien und Kostenoptimierung und arbeitete mit einem Hersteller für Solarstrommodule zusammen. Ein Geschäftspartner ignorierte eine Vereinbarung. Mir entgingen nach dreimonatiger Vorarbeit Provisionen im sechsstelligen Bereich.

Die Arbeit auf selbstständiger Basis konnte ich nicht fortführen. Da sich hierdurch die Entschuldung des Häuschens meiner damaligen Freundin auf unbestimmte Zeit verzögerte, warf sie mich Ende Mai hinaus und wurde zur Ex-Freundin.

Zu diesem Zeitpunkt besaß ich noch fünfhundert Euro. Diese Summe reichte nicht, um sich in Hamburg wieder eine Existenz aufzubauen. Eine Wohnung hatte ich auch nicht. Ein Bekannter bot mir an, bei ihm zu übernachten. Das Angebot nahm ich dankend für drei Nächte an, bis ich mich gedanklich sortiert hatte.

So setzte ich mich im Juni müde und energielos ins Auto. Für fünfzehn Euro kaufte ich einen US-Armee-Rucksack, Militärboots und ein Bundeswehr-Kochgeschirr, packte meinen verbliebenen Hausrat zusammen und machte mich auf den Weg. In mein Elternhaus wollte ich nicht zurück – dazu fehlte mir der Mut.

Jemand interessiert sich für mich

Die Fahrt verlief ruhig und friedlich. Da ich in moderatem Tempo vorwärts kommen wollte, konnte ich auch innerlich jede Überholspur verlassen und ruhiger werden. Die Landschaft zog an mir vorbei. Bei der langsamen Fahrt konnte ich die wachsende Frucht auf den Feldern und später in den Weinbergen beobachten.

Vor Trier hielt ich auf einem Rastplatz. Nach 30 Minuten Pause raffte ich mich auf und widmete mich dem Hausrat in meinem Auto. Rigoros sortierte ich alte Sachen und damit auch einen Teil meines alten Lebens aus – die Sachen warf ich in einen Abfallcontainer.

Mehrere Reisende beobachteten mein Tun mit Argusaugen. Eine Familie brachte mir sogar mit besorgter Miene einen Kaffee, um zu erfahren, was ich da wohl mache. So erzählte ich zum ersten Mal, was passiert war. Mich erstaunten die Geduld und die Zeit, die diese Menschen mir widmeten, um alles von mir zu erfahren.

Nachdem ich meine ganze Geschichte eine Stunde lang erzählt hatte, fragte ich nach dem „Warum" für das Interesse. „Nun,", entgegnete der Mann ruhig, „ich bin Pfarrer und am Seelenheil meiner Mitmenschen interessiert. Da es selten ist, dass jemand seinen halben Kleiderschrank nebst Hausrat auf einem Rastplatz entsorgt, wollte ich den Grund erfahren." So lernte ich: Du darfst immer offen sein, es ist in der Regel erlaubt, es muss nicht hinterfragt werden und erleichtert innerlich auf wunderbare Weise.

Besser gestimmt auf dem Weg nach Frankreich

Mit diesem Erlebnis im Herzen fuhr ich weiter zum Grenzübergang „Goldene Bremm" und übernachtete im Auto auf dem Parkplatz des Autohofs. Dort lernte ich die nächste Lektion: „Die Nacht im Auto verbracht kann den Rücken schmerzhaft verbiegen." Jedoch waren die Schmerzen nach einigen Dehnübungen vorbei. Und so konnte ich weiter sortieren, was ich mitnehmen und wovon ich mich trennen wollte. Als letzte Handlung auf deutscher Seite schrieb ich eine Abschiedsmail an die Menschen, die mir wichtig und wertvoll waren, und wendete dem Alltagsgeschehen den Rücken zu.

Ausgerüstet mit einer Faltkarte fuhr ich über die alten, mautfreien Nationalrouten nach Lourdes. Endlich war ich unterwegs, Energie tanken. Die Fahrt war ein besonderes Erlebnis. Seit dem Aufbruch in Hamburg hatte ich das Gefühl, als ob jemand im Universum etwas für mich übrig hat. Die Sonne schien vier Tage lang bis zu meiner Ankunft in Lourdes. In mir keimte ein freudiges Gefühl, und die 2.000 Kilometer Fahrt wurden zum meditativen Erlebnis. Ohne Stress oder Hektik legte ich täglich 500 Kilometer mit einer Höchstgeschwindigkeit von 80 Stundenkilometern zurück.

Schneller zu fahren hätte mich zu diesem Zeitpunkt nervlich überfordert. Als Bonus schonte die Fahrweise meine schmale Reise-
kasse.

Geduld und Lächeln

Da ich etwas Französisch konnte, traute ich mich, Fremde nach
dem Weg zu fragen und einen Small-Talk zu beginnen. Die Menschen belohnten meine Bemühungen, entgegneten mein Lächeln
und warteten geduldig, bis ich mich ihnen verständlich gemacht
hatte. In Montauban übernachtete ich am Fuß einer mittelalter-
lichen Burgruine und schlief das erste Mal seit Jahren wirklich
ruhig und friedlich durch.

An diesem Tag hatte ich gelernt, dass Menschen einander für ein
freundliches Lächeln (fast) alle Zeit der Welt schenken. Angehört
zu werden half mir, wieder erste Selbstsicherheit aufzubauen.
Und für ein freundliches Lächeln gibt es immer einen Grund –
und damit eine Möglichkeit, sich seiner selbst wieder sicher zu
werden, zu sein und zu bleiben.

Ballast abladen

Von Montauban aus fuhr ich am nächsten Vormittag weiter bis kurz
vor Lourdes. Als die Sonne unterging, fand ich mein Nachtlager
auf einer Wiese. Dort packte ich die Sachen, die mich auf meiner
Reise weiterhin begleiten sollten, in meinen Armeerucksack. Ich
freute mich über die Energie, die durch das erneute Aussortieren
von Altlasten zusätzlich frei gesetzt wurde.

Was den Abend besonders schön machte war, dass weder Handy-
noch Radioempfang möglich waren. So genoss ich im Gras sitzend
die Stille. Die Ruhe erfüllte mich mit Dankbarkeit. Ich machte es
mir so bequem wie möglich und schlief ein.

Mein Schlaf war so tief und fest, dass ich den Sonnenaufgang und
die aufsteigende Tageshitze verpasste. Lautes Hupen weckte mich.
Ein alter Franzose in seinem Geländewagen ermahnte mich, dass
ich weiter ziehen müsse. Wir unterhielten uns kurz und ich fuhr
weiter bis Lourdes. Am späten Nachmittag dort angekommen,
besichtigte ich die Kathedrale, die Grotte und auch die Stadt selber. Kurz vor Mitternacht schlief ich am Fuß der Kathedrale ein.

Der Fußmarsch beginnt

Ich blieb zwei Tage in Lourdes und setzte dann meine Reise fort. Im 50 Kilometer entfernten St. Jean-Pied-de-Port angekommen stellte ich mein Fahrzeug ab, ging in den Ort, besorgte mir einen Pilgerpass und sortierte nochmals meinen Rucksack. Der war immer noch so überladen, dass ich ihn nicht über längere Strecken tragen konnte. Anschließend blieben mit Kleidung, Notebook plus einigen kleineren Utensilien die Dinge darin, die ich weiter zu benötigen glaubte.

In meinem Schlafsack schlief ich irgendwann kurz vor Sonnenaufgang endlich ein. Dies mit einem Gefühl der Freude und Genugtuung, endlich meinen mentalen Motor warten zu können. Und mit der Sicherheit, die Rückschläge der vergangenen Jahre hinter mir zu lassen. Mit diesen Gedanken startete ich meine Wanderung auf dem Camino de Santiago.

Bestellungen bei Maria

Menschen mit Burnout fehlt häufig der Antrieb, überhaupt etwas zu tun. Sie fühlen sich müde, abgespannt und mental ausgelaugt. Hier die gute Nachricht für alle, denen es so geht: Es lässt sich ändern. Es dauert Tage und Wochen, aber es geht.

Im eigenen Dauertal angekommen, war es für mich erst einmal wichtig, mich zu öffnen. Und bevor ich mich für die Möglichkeiten des Lebens öffnete, war der Schritt davor das Vertrauen darauf, dass es aus jedem Tief einen Weg heraus gibt.

In Lourdes hatte ich mir unter der Marienstatue dafür mehrere Dinge erbeten. Zum einen hatte ich mir bestellt, den Weg zum Atlantik zu schaffen – egal ob mit oder ohne Geld. Zum anderen, dass ich auf dem Weg Neues erlebe, um daraus zu lernen. Und als Drittes bestellte ich mir Lebensfreude und ein Lächeln, egal wie beschwerlich der Weg werden würde.

Ballast abwerfen

Die erste Etappe stellte sich fast wie ein bildlicher Weg aus dem Burnout dar. Der Weg bis Roncesvalles ist rund 28 Kilometer lang. Dabei sind über 1.000 Meter Höhenunterschied mit Steigungen von bis zu 15 Prozent zu überwinden.

Sind die geschafft, geht es über neun Kilometer wieder 700 Meter abwärts, bei ähnlichem Gefälle. Ich bezwang diesen Weg innerhalb von acht Stunden mit zwei Stürzen und 25 Kilogramm Gepäck. Das Gute daran war, dass ich mich darauf konzentrieren musste, den Weg halbwegs heil zu überstehen. Für mehr Gedanken war keine Gelegenheit.

Abgekämpft und mit schmerzenden Beinen und Füßen erreichte ich Roncesvalles. Und war euphorisch, denn ich hatte ein tiefes Tal durchschritten, eine wirkliche Höhe mit Aussicht erlebt und war wohlbehalten auf einer höheren Ebene als der Ausgangsposition angekommen.

In Roncesvalles erlebte ich eine Überraschung: Gewichtskontrolle. Die Herbergseltern sahen meinen Rucksack und holten eine alte Hakenwaage, um sein Gewicht zu bestimmen: über 25 Kilogramm! Eine Belastung, mit der man mir keine drei Tage Wanderung mehr zutraute. Mir war es eigentlich egal, was die anderen sagten. Sicherheitshalber beschloss ich aber, Sweatshirts und andere Utensilien in der Herberge zu lassen. Natürlich nur, damit andere Pilger auch etwas davon hätten. Nach diesem Ausmisten verblieben „nur" noch 17 Kilogramm Gepäck für den weiteren Weg.

Ein Bild vor Augen

Aufgrund des Gewichts von meinem Rucksacks wurden an diesem Abend 160 Wetten gegen mich abgeschlossen, nachdem die anderen Pilger erfuhren, wohin ich mit meinem schwerem Gepäck wollte. Sie erklärten mich für verrückt, als ich ihnen sagte, dass der Atlantik mein Ziel sei, das ich unbedingt erreichen wollte. „Spätestens in Pamplona musst Du umkehren", wurde mir an diesem Abend prophezeit.

Zum ersten Mal seit Jahren hatte ich ein klares Bild vom Ziel vor Augen, das ich auch in den folgenden Wochen immer wieder vor mir sah. Ohne dieses Bild und den Glauben, das Ziel erreichen zu können, hätte ich sicher schon in Roncesvalles aufgegeben und wäre mit einem Taxi umgekehrt. Das Wichtigste an den Wetten fremder Menschen gegen mich war (wie auch bei der Überwindung des Burnouts) der Glaube an mich und meine Überzeugung. Mir war es egal, wie sehr andere auch schmunzeln mochten und mich umzustimmen versuchten. Die Erwartung der kommenden Tage und Wochen bescherte mir eine unruhige Nacht in Roncesvalles.

Eine schwere Last und ein Retter in der Not

Die nächsten Tage verliefen ohne besondere Vorkommnisse. Mit einigen Pilgern freundete ich mich an und wanderte meinen Weg wie im Plan empfohlen. Es war ein wenig anspruchsvoller Weg, der ab der dritten Etappe nach Larrasoaña weder allzu viele Höhen oder Tiefen barg. Das Gewicht meines Rucksacks machte mir dennoch immer größere Schwierigkeiten. Am dritten Tag, kurz vor Pamplona, kam ich mir vor wie der Titan Atlas, der das gesamte Gewicht und Leid dieser Welt als Last auf seinen Schultern trug.

Ein argentinischer Pilger half mir, mich neu auszurichten. Am Fuße der Anden lebend, hatte er Erfahrung mit dem Transport großer Gewichte über lange Strecken und zeigte mir, wie ich trotz des schweren Gepäcks einfacher gehen konnte. Eine halbe Stunde und diverse Rückenentspannungsübungen später setzten wir den Weg bis zu einem Vorort von Pamplona gemeinsam fort. Der Argentinier freute sich über seinen gelehrigen Schüler. Wir kehrten in einer kleinen Kneipe ein. Apfelkuchen und Kaffee als Auszeichnung weckten ein tiefes Gefühl der Zufriedenheit in mir.

30 Minuten später starteten wir erneut, diesmal aber jeder im eigenen Tempo. Dank seines leichteren Rucksacks und seines Trainings war mein Retter schneller als ich und ich verlor ihn bald aus den Augen. Augen, die sich mit Tränen der Dankbarkeit füllten, da alles in Lourdes Bestellte und Erbetene so zügig in mein Leben kam.

Eine weitere Bestellung trifft ein

Die wirklichen Prüfungen standen mir noch bevor. Da ich jetzt den schweren Rucksack ohne wundgescheuerte Schultern und Rückenschmerzen tragen konnte, kam ich auch gut voran. Am vierten Tag traf ich zur Nachmittagszeit in Puente la Reina ein, einem Ort mit alter Kirche, auf dem der aragonische und der navarrische Jakobsweg zum Camino Francés verschmelzen. Nachdem ich mich in die Herberge eingeschrieben und meine Sachen in einem der Gemeinschaftszimmer gelassen hatte, widmete ich mich einer ausgiebigen Dusche. Anschließend erkundete ich den Ort.

Hier traf meine nächste Bestellung ein: „Den Atlantik erreiche ich mit oder ohne Geld", hatte ich in Lourdes gebetet. So verlor ich meine letzte Barschaft von rund 100 Euro.

Die kommenden Wochen wurden so zur noch größeren Herausforderung. Vor allem die Abende waren bitter. Ich weinte sowohl wegen der körperlichen Schmerzen als auch wegen der psychischen Pein durch den Verlust der Barschaft.

Ausgelacht und doch willkommen

Auf Regen folgt Sonnenschein, der sich im Leben in kleineren, unscheinbaren oder auch größeren Zuwendungen verbergen kann. So saß ich eines Abends im Gemeinschaftsraum der Herberge und wusste nicht weiter. Ich fragte mich, wie ich die nächsten Tage ohne Nahrung überstehen sollte. Wasser gab es am Weg genug in den Brunnen.

Eine Gruppe von Pilgern traf ein, die schon in Roncesvalles gegen mich gewettet und mich ausgelacht hatte. Sie waren überrascht und erfreut mich zu sehen, hatten sie doch geglaubt, ich hätte es höchstens bis Pamplona geschafft und aufgegeben. Sie luden mich zum Abendessen ein. Dann boten sie mir auch noch an, sie in den nächsten zwei bis drei Tagen zu begleiten, bis ich eine Möglichkeit gefunden hätte, um den Weg alleine zu meistern. Beides nahm ich dankbar an.

Tauschhandel

Mein Rücken und meine Schultern waren entlastet worden, und es sollte meine Aufgabe auf dem Camino werden, anderen Pilgern ebenso zu helfen. Zwei Tage später in Viana traf ich auf Salvador, einen spanischen Mitpilger und Yoga-Lehrer. Er hatte eine Nacht unter freiem Himmel geschlafen. Am nächsten Tag waren seine Rücken- und Nackenmuskulatur steinhart verspannt, er konnte weder liegen noch sitzen. Seinen Rucksack konnte er nur mit Hilfe und Unterstützung anderer Helfer auf- und absetzen.

Als Yoga-Lehrer verfügte Salvador über gute Meditationskenntnisse, was mich sehr interessierte. Wir schlossen einen Handel ab. Da er nur spanisch und ich nur deutsch sprach, verständigten wir uns mit Händen und Füßen. Er wollte mir Meditationsübungen zeigen, dafür sollte ich ihm Rücken und Nacken massieren. Gesagt – getan. Danach konnte er schmerzfrei ruhen und – noch wichtiger: Er konnte seinen Rucksack wieder alleine auf- und absetzen. Ich verriet ihm noch die Tipps von meinem argentinischen Gefährten und half ihm, seinen Rucksack besser zu verschnallen.

Auf dem Weg traf ich Salvador mehrmals wieder. Sein Rücken, Nacken und Schultern waren nun schmerzfrei. Durch ihn lernte ich die zuverlässige kabellose Informationsweiterleitung auf dem Jakobsweg kennen. Salvador erzählte jedem von dem verrückten Deutschen, der ein „perregrino sin dinero" (Pilger ohne Geld) sei und den Atlantik vor Augen habe.

Mein Rucksack war ein Unikat und ein weiteres Markenzeichen auf dieser Tour. Niemand sonst hatte einen solch riesigen Armeerucksack, so viel Gepäck und Ballast auf dem Rücken wie ich. So war ich auch als „der Pilger mit dem schweren grünen Rucksack" drei Tagesmärsche vor und hinter mir entlang des Weges bekannt. Salvador berichtete auch von den begnadeten Händen des Deutschen, die seinen Rücken geheilt hätten.

Meine Hände sind mein Kapital

Nun wurde ich oft von Herbergseltern um Unterstützung gebeten, wenn sich Pilger mit Verspannungen und falsch eingestellten Rucksäcken in den Herbergen aufhielten. Woran sie mich erkannten? An meinem Rucksack und irgendwann auch an meiner verwaschenen Schildmütze, die mir als Sonnenschutz diente. Vor allem der Ruf meiner begnadeten Hände eilte mir voraus.

Diese Begebenheit half mir auf dem Jakobsweg. Vor allem ging der Wunsch in Erfüllung, etwas für mein Leben zu lernen, denn ich konnte vorhandenes Wissen und eine in mir schlummernde Gabe so einsetzen, dass mir beides weiterhalf. Dafür erhielt ich immer einen Schlafplatz und eine Mahlzeit. Zudem gab es in den Herbergen oft auch Lebensmittel, die andere Pilger nicht mitgenommen hatten. Die erhielt ich gewissermaßen im Tausch für die vielen in Roncesvalles zurückgelassenen Sweatshirts.

Alles ist möglich, wenn man dran glaubt

Auf dem Weg lernte ich, auch mit anderen widrigen Umständen fertig zu werden. So wurde das schöne, warme Wetter eines Tages unterbrochen, als eine Regenfront vom Atlantik herüber zog. Es kühlte um fast 20 Grad ab und regnete von morgens bis abends. Die Feldwege waren durchweicht und matschig. Mit nasser Oberbekleidung und von Kopf bis Fuß durchgefroren kam ich am siebten Tag in Santo Domingo de la Calzada an.

Die Übernachtung in der Herberge kostete fünf Euro, die ich nicht hatte. Dieses Mal wollte man mich mit dem Stempel für den Pilgerpass versehen weiterschicken. Dabei konnte ich keinen Schritt mehr gehen. Zudem hatte sich das Gewebe des Rucksacks derart mit Wasser vollgesogen, dass dieser bei der Ankunft knapp vier Kilogramm schwerer war als noch am Morgen. An diesem Tag lernte ich Freundschaft neu kennen. Ein italienischer Pilger (der mich ebenfalls in Roncesvalles belächelt hatte) legte die fünf Euro für mich aus.

Warum die Herbergseltern dieses Mal trotz meiner „begnadeten Hände" so unnachgiebig waren, erfuhr ich später. Das Haus wurde täglich von einem ortsansässigen Arzt besucht, der sich auf die Behandlung der Pilger spezialisiert hatte. Er verlangte jedoch das Doppelte an Gebühr dessen, was eine Übernachtung und damit meinen Lohn ausmachte. Vermutlich hätte ich ihm das Geschäft verdorben.

Durch den ausgelegten Obolus für die Übernachtung durfte ich bleiben, heiß duschen und mitessen. Ausgerüstet mit dem Wissen, dass Pilger sich gegenseitig immer unterstützen, ging ich die folgenden Wochen weiter. Etappe um Etappe, Herberge um Herberge. Ich hatte zu jeder Zeit ein Dach über dem Kopf und abends etwas zu Essen im Bauch. Wenn die Herbergen überfüllt waren, fanden sich zumeist wenigstens alte, verfallene Ziegenställe am Wegesrand zur Übernachtung.

Wanderung durch die Nacht

Einmal wanderte ich nachts vor dem Cruz de Ferro über eine Strecke von gut 70 Kilometern. Beginnend in Villar de Mazarife wanderte ich bis Foncebadón. Flache Strecken wechseln sich hier mit einem den Pyrenäen vergleichbaren Höhenprofil ab.

Warum tat ich mir das an? Zum einen, um den Menschenmassen am Tage zu entkommen. Tagsüber gibt es viele Gelegenheiten, um mit Pilgern zu sprechen oder sie zumindest zu sehen. Auf diesem Abschnitt der Strecke wollte ich aber alleine sein.

Schon seit Tagen führte ich innere Zwiegespräche. Es war ein seltsames Erlebnis, das ich mit mir selber ausmachen wollte. Wirkte das nächtliche Wandern für manch einen Pilger auch befremdlich, verstand ich am Ende der Tour umso besser, wenn jemand allein sein wollte. Nach drei Wochen beschwerlicher Wanderung schien es mir normal, dass mein Verstand sich meldete und der innere Skeptiker versuchte, mir von weiteren Strapazen abzuraten.

Der Verstand gibt endlich Ruhe

Später am Abend, als selbst die Grillen still waren, befahl ich meinem Verstand, sich bis zum Atlantik einfach auszuruhen und zu entspannen. Erst gab er Widerworte, doch nach 30 Minuten intensiver Debatte war er endlich still. Eine Umkehr war für mich undenkbar und so überzeugte ich auch meinen inneren Skeptiker, dass das Erreichen des Meeres für meinen inneren Frieden wichtig ist. Alle Zweifel waren ausgeräumt, alle Fragen beantwortet.

Zehn Kilometer hinter Astorga stand ich irgendwo im Dunkeln. Es war so still, dass sogar mein seit Jahren vertrauter Tinnitus Ruhe gab. Die Luft war klar. Der Weg vor meinen Füßen war nicht zu erkennen. Aufgrund eines Schildes zwei Kilometer zuvor vermutete ich einen Ort in der Nähe, konnte aber nichts erkennen. Ich wollte meinen Schlafsack auspacken und mitten im Nirgendwo nächtigen.

Plötzlich wurde die Stille durch heftiges Glockengeläut zerrissen. Die Welt hatte mich wieder. Die spanische Fußballmannschaft hatte das Achtelfinale der Weltmeisterschaft gegen den Erzrivalen Portugal gewonnen. Nun war auch der zuvor unbeleuchtete Ort am Ende des Weges zu erkennen – gerade einen halben Kilometer von mir entfernt. Von dort ging ich weiter in Richtung Cruz de Ferro. Den Weg unterbrach ich dann mittags in Foncebadón, da jeder Schritt schmerzte und die Füße streikten. Hier traf ich auch wieder auf Salvador.

Am Ziel!

Im Juli erreichte ich dann Santiago de Compostela und ließ mir dort die begehrte Pilgerurkunde ausstellen. Nach einer wundervollen Nacht in der Klosterherberge ging ich noch drei Tage weiter zum Atlantik. Das Ziel war endlich erreicht!

Und sogar der Wunsch nach Bargeld für die Heimreise nach Deutschland wurde gemäß meiner Bestellung erfüllt. Dies geschah auf meiner Rückfahrt mit dem Bus in Santiago de Compostela. Bis dahin hatte keine meiner Kredit-Karten bei den Bankautomaten auf meiner Reise funktioniert. Ein letzter Versuch, und siehe da: Ein alter Automat zahlte mir 300 Euro aus. Mit dem Geld und einer Busfahrkarte bis Roncesvalles ausgerüstet fuhr ich dann in 19 Stunden den Weg zurück, für den ich vorher über fünf Wochen zu Fuß benötigt hatte.

Rückkehr ins normale Leben

Es hat schon etwas Surreales, durch die Nacht zu fahren und den Weg, der einem bei Tage ans Herz gewachsen ist, nicht mehr sehen zu können. Andererseits: Wäre es hell gewesen, hätte ich mich zu dem Zeitpunkt vermutlich davon überzeugen lassen, einfach hier zu bleiben.

So ging es jedoch zurück nach Roncesvalles und von dort mit dem Taxi nach St. Jean-Pied-de-Port, dem Ausgangsort meiner Reise – an deren erster Etappe ich durch zwei Stürze fast gescheitert wäre. Noch heute bin ich dort – im übertragenen Sinne.

Mit einem klaren Bild vor Augen habe ich die Prüfungen des Weges bestanden, wurden mir meine Fähigkeiten bewusst. Den Camino de Santiago werde ich in meinem Leben sicher noch das ein oder andere Mal pilgern. Für mich ist dieser Weg eine großartige Metapher, wie man mit einem Ziel vor Augen und dem Willen im Herzen alles bestehen kann. Wichtig sind das Selbstvertrauen und der erste Schritt – (nicht nur) auf den 1.000 Kilometern bis zum Meer.

Steffen Pfeiffer, 43 Jahre, lernte auf dem Jakobsweg, inneren Bildern zu folgen, eigene Talente zu erkennen und sich selbst zu vertrauen.

Die Welt ruht auf eines Größeren Schulter.

Petra Würtz

Wer bin ich?

Man nennt mich Stefanie, also „Siegeskranz", eine schöne Bedeutung, denn nach dem Siegeskranz des Lebens strebe ich. Ich glaube an eine zeitlose Gottheit, an die Existenz einer Intelligenz, deren Geschöpf ich bin, von ihr gewollt und geliebt. Sie ist der Ursprung meines Lebens. Ich bin ein Kind Gottes. Bei ihm ist mein wahres Zuhause.

Durch Traumatisierungen in meiner Kindheit habe ich mich zu einer sensiblen, melancholischen, misstrauischen, aber auch zielstrebigen und selbstbewussten Persönlichkeit entwickelt. Ich halte mich für musisch begabt.

Hinsichtlich meines Einfühlungsvermögens anderen Menschen gegenüber, wie auch meiner Empfindsamkeit für Reize aus der Umwelt (Licht, Lärm, …), bin ich hochsensibel.

Kindheitstraumen und Kampfgeist

Ein sexueller Missbrauch im Alter von acht Jahren zerstörte mein kindliches Vertrauen. Als Folge entwickelten sich Gefühle von Ekel, ein schlechtes Gewissen, Angst und emotionale Isolation. Es begann ein Kampf, um mit den Schwierigkeiten des Lebens selbst fertig zu werden.

Seit meiner Kindheit leide ich an Heuschnupfen, fühle mich über Monate müde und abgeschlagen, bin eingeschränkt leistungs- und lernfähig und benötige bis heute Antiallergika oder Kortisonspritzen. Immer wieder hatte ich Probleme in Form von häufigem „Umknicken", was mit Ruhigstellen und Eingipsen behandelt wurde. Mit fast neun Jahren hatte ich einen Unfall mit Verbrennungen dritten bis vierten Grades. Als Folge der langwierigen Behandlungen hatte ich Schwierigkeiten in der Schule, konnte am Sport nicht teilnehmen und nahm zwölf Kilogramm zu.

Die Wiedereingliederung in der Schule und bei den Freunden war schwierig. So begann ich zu kämpfen, um mich sportlich (Muskulatur), äußerlich (Figur und Ernährung) und geistig (Wissen) auf das „normale" Niveau hochzuarbeiten und trainierte meinen Kampfgeist, der bis heute wach ist.

Das Elternhaus

Bis zum 16. Lebensjahr wuchs ich in einem zerstrittenen Elternhaus auf. In der Pubertät hatte ich wenig Unterstützung, da meine Eltern mit ihren eigenen Problemen beschäftigt waren. Oft hätte ich ihre Konflikte gerne gelöst. In mich selbst zurückgezogen, weinte ich sehr viel. Stofftiere wurden mir zu Freunden und Seelentröstern. Als Jugendliche begann ich, mich nach einem Kinderheim zu sehnen, rutschte in der Schule in rebellisches Verhalten ab und bekam Kontakte zu „asozialen" Jugendlichen. Durch gute Freunde und den Glauben an Gott begann ich, mein Leben auf meinen Glauben auszurichten und fand Halt und Geborgenheit darin.

Von der Kindheitsliebe zur Ehe

Auch die seit meinem 14. Lebensjahr bestehende Beziehung zu meinem Mann gab mir emotionale Unterstützung. Ihn betrachte ich, seinem Namen Matthias entsprechend, als „Geschenk Gottes".

Allerdings merkte ich schon vor meiner Hochzeit, dass er überfordert war, die Tiefen meines Herzens zu erforschen und mir zu helfen, meine emotionalen Wunden zu heilen. So kämpfte ich alleine weiter in einem Strudel mich beherrschender Depressionen. Sie verstärkten meinen Lebenskampf und die Suche nach dem wahren Leben.

Mein Beruf und meine Berufung

Die Ausbildung als Bauzeichnerin beendete ich tapfer, wenngleich ich sehr bald merkte, dass dieser Beruf nicht meinen Neigungen und Interessen entsprach. Vor allem war er keine Antwort auf meine Frage nach dem Lebenssinn. So hängte ich den Beruf direkt nach meiner Ausbildung an den Nagel und stürzte mich in ehrenamtliches Engagement. Schon sehr früh spürte ich das Verlangen, anderen verletzten, hilfe- und sinnsuchenden Menschen zu helfen.

Damals bot sich die Mitarbeit in einer Gefährdetenhilfe an sowie zusätzlich die Jugendarbeit in einer christlichen Gemeinde. Dann ergab sich die Möglichkeit, meine musischen Fähigkeiten und meinen Glauben zu vereinen. Ich gründete drei Chöre, hatte zu dieser Zeit viel Freude an meiner Arbeit und fühlte mich im Einklang mit meinem Denken, Glauben und Tun.

Enttäuschungen

Innerhalb dieser Gemeinschaften gab es Konflikte, die mich erneut in Depressionen trieben und mir letztendlich die Freude an der Arbeit nahmen. Mit der Zeit entwickelte ich eigene Auffassungen von einem „guten Christen". Da ich scheiterte, diese Vorstellungen im Alltag umzusetzen beziehungsweise zu leben, resignierte ich in meinem christlichen Dienst. Von meinem Glauben löste ich mich jedoch nicht, sondern fühlte mich vielmehr in ein ohnmächtiges Vertrauen in Gott getrieben und begann, mich von Menschen und deren Vorstellungen zu lösen. Mein Gottvertrauen war der Anfang all dessen, was ich danach erleben durfte.

Berufliche und private Herausforderungen

Seit sechs Jahren leben wir nahe dem Arbeitsplatz meines Mannes. Die Wohnung bietet genug Raum für musikalische Tätigkeiten. Im Jahr des Umzugs machte ich mich selbstständig mit Dienstleistungen in den Bereichen Sport, Gesundheit und Musik und baute in der Wohnung eine kleine Musikschule auf, die gut angenommen wurde. Zur selben Zeit wurde meine inzwischen alleinstehende Mutter wegen eines Gehirntumors operiert und dadurch von heute auf morgen blind, zudem entwickelte sich bei ihr ein sehr belastender Schwankschwindel.

Während sie noch im Krankenhaus lag, starb meine Oma mütterlicherseits an Darmkrebs. Mein Stiefopa litt an Altersdepressionen und wurde in seiner Einsamkeit zunehmend dement.

Pflichtbewusstsein und Perfektionismus

Getrieben von der Freude an den Möglichkeiten der Selbstständigkeit, die mir Bestätigung und Selbstwert einbrachte, bemühte ich mich, alles gut und es Jedem recht zu machen. Meine Lebensphilosophie, meinen Perfektionismus, Idealismus und die Erwartungen an meine eigene Fitness und Gesundheit versuchte ich mit der empfundenen Verantwortung für meine Mutter und meinen Opa in Einklang zu bringen.

Zu Beginn ihrer Blindheit lebte meine Mutter für zwei Monate bei uns, was für alle eine harte Zeit war und uns an die Grenze der nervlichen Belastbarkeit brachte. Meine Mutter kannte unsere Wohnung nicht, da wir zum Zeitpunkt ihrer Erblindung umgezogen waren. Sie war mit der Blindheit psychisch überfordert. Ihre Ärzte überließen es uns, Hilfsmöglichkeiten für erblindete Menschen herauszufinden: Sie schienen froh, meine Mutter loszuwerden. Es war nicht leicht für mich, mit der Familie, von der ich mich eben erst gelöst hatte, wieder in engerem Kontakt zu stehen.

Alte Denkmuster führen zu Überforderung und Burnout

Vor allem jedoch war ich gesteuert von für mich nicht mehr zuträglichen, aus der Vergangenheit resultierenden Denkmustern. Diese hatten mich geprägt und mich zur Kämpferin gemacht. Nun war ich hohen An- und Überforderungen gegenübergestellt und plante für mich selbst keine Ruhe- und Erholungsphasen ein. Das führte zu einem Verlust an Energie und nach einem Zusammenbruch in einen anhaltenden Burnout.

Vor vier Jahren bin ich auf einer Wochenendfortbildung nach dem Abendessen zusammengebrochen, hatte das fettige Essen und den Rauch nicht vertragen und wurde in eine Klinik gebracht. Zu dieser

Zeit achtete ich sehr auf eine kalorienarme Ernährung. Ständig folgte ich einem Schlankheitsideal. Sportlich und auch beruflich sehr aktiv, war ich wohl unterversorgt mit gesunden Fetten und Eiweißen, Mineralstoffen und Vitaminen. Diese helfen unter anderem, die Stressbelastungen des Organismus auszugleichen. Je höher die Belastungen des Organismus sind, desto mehr „Vitalstoffe" braucht er auch, um nicht krank zu werden. Gut, wenn man das als Ernährungsberater weiß, aber schlecht, wenn man vergisst, dies für sich selbst zu bedenken. Neben der Unterversorgung mit Vitalstoffen fehlte meinem Körper notwendige Regenerationszeit bedingt durch zu wenig Pausen und zu wenig Schlaf.

Ein Pensum für ein ganzes Regiment

Außerdem setzte ich mich mit meiner Selbstständigkeit emotional unter Druck: Ich wollte möglichst perfekt sein, meine Verantwortung wahrnehmen und allen Anforderungen, wie Buchhaltung, Vorbereitungen und Fortbildungen gerecht werden. Zu dieser Zeit leitete ich vier Chöre. In einem Fitnessstudio war ich Ernährungsberaterin und führte Ernährungskurse mit dem Schwerpunkt Gewichtsreduktion in Gruppen von bis zu 35 Personen durch. Zusätzlich übernahm ich deren Einzelbetreuung für das sportliche Training und die persönliche Beratung. Darüber hinaus gab ich im Studio Indoorcycling-, Stepaerobic- und Rückenfitkurse.

Inzwischen führte ich meine eigene kleine Musikschule mit fast 100 Schülern, die sich in einen Jugendchor, Gruppenunterrichte und musikalische Früherziehungsgruppen aufteilten. Nebenbei hatte ich ja noch einen Haushalt und eine Ehe. Nicht zu vergessen die Verantwortung, die ich gegenüber meiner Mutter und auch meinem Opa empfand.

Weitere Aufgaben kamen dazu. Gelegentlich sang ich mit meiner Partnerin, einer Pianistin, auf Hochzeiten und Feierlichkeiten. Wir formierten uns zu „Blue Souls". Auf Feierlichkeiten trat ich auch allein auf.

Ein- bis zweimal im Jahr hielt ich Seminare über gesunderhaltende Bewegung und Ernährung an einer Krankenpflegeschule. Gelegentlich übernahm ich die Vertretung für Kolleginnen im Fitnessclub. Nicht zu vergessen eine stetig wachsende Buchhaltung und die Einkommenssteuererklärung, in die ich mich einzuarbeiten hatte.

Ein gefüllter Kalender ist keine Erfüllung

Rückblickend ist es für mich selbst kaum zu begreifen, wie ich so viel schaffen konnte. Heute wundere ich mich, dass mir nicht klar war, dass es zu viel war. Von meiner Selbstständigkeit und meinem Erfolg war ich beflügelt von den Möglichkeiten, die sich ergaben, von den Aufgaben, die mir Spaß machten. So fand ich immer noch Lücken in meinem Terminkalender – die mir das Gefühl gaben, meine Zeit noch nicht richtig ausgereizt zu haben.

Mein Enthusiasmus gab mir so viel Kraft, dass ich nicht daran dachte, dass die körperlichen Reserven aufgebraucht werden könnten. Mir ging es eine Zeit lang besser als je zuvor und ich glaubte, ein erfülltes Leben zu leben. Gefüllt war es in der Tat. Doch musste ich erst die Erfahrung eines Burnout machen, um zu begreifen, dass ein gefülltes Leben noch lange kein erfülltes Leben ist.

Zusammenbruch - und dann rasch wieder weiter

Nach meinem Zusammenbruch bestrebt, möglichst schnell wieder meinen Verpflichtungen nachzukommen, entließ ich mich in gefühltem Topzustand am nächsten Tag selbst und machte tags drauf auch gleich mit meinen Aufgaben weiter, als wenn nichts gewesen wäre. Mein Umfeld vermutete eine Lebensmittelvergiftung, ich auch. In der Klinik hatte man mir allerdings dringend angeraten, meinen Hausarzt zu konsultieren, weil in meinem Blutbild Auffälligkeiten seien.

Weiter im Programm

Da es mir aber wieder gut ging, suchte ich meinen Hausarzt nicht auf – dazu hatte ich sowieso keine Zeit. Im darauffolgenden Winter verbreitete sich dann das Noro-Virus in unserer Gegend. Einige Kinder meiner Musikschule erkrankten. Auch mich erwischte diese Magen- und Darmgrippe und setzte mich für 14 Tage völlig außer Gefecht. Doch auch danach verschwanden meine Magen- und Darmprobleme nicht. Fast ständig hatte ich Durchfall, wurde dadurch immer schwächer und verlor noch mehr Mineralstoffe, die ich ja durch meine salzarme Ernährung nicht ausgleichen konnte. Dazu machte ich noch immer viel Sport, was den Vitalstoffhaushalt weiter überforderte.

Eisenmangel?

Endlich ging ich dann doch noch zu meinem Hausarzt, da ich immer müder und erschöpfter wurde. Er diagnostizierte einen Eisenmangel und eine Blutarmut. Wenngleich beides behoben wurde, blieb die Erschöpfung weiter bestehen.

Seither habe ich schwere Zeiten durchgemacht. Die Erschöpfung nahm derart zu, dass ich eine Zeit lang froh war, vom Bett aufs Sofa und zurück zu gelangen. Auch heute, fast vier Jahre danach, sind meine körperlichen und geistigen Reserven noch eingeschränkt. Langsam erlebe ich aber, wie es aufwärts geht und ich bin glücklich, viel gelernt zu haben und in meiner Persönlichkeit gereift zu sein.

Falsche Ziele

In bester Absicht unternahm ich anfänglich wohl immer genau das Falsche, um meinen Zustand zu verbessern. Um mehr Sport zu machen, versuchten mein Mann und ich morgens regelmäßig joggen zu gehen. Auch wollte ich stets weiter abnehmen, meinen allgemeinen Fitnesszustand verbessern und einen gesunden Lebensrhythmus erreichen. Morgens hatte ich immer Probleme aufzustehen und wollte mich zum Frühaufsteher umerziehen. Das entsprach meinen Idealvorstellungen, und ich versuchte, mich zu überwinden.

Dass mir das Joggen viel schwerer fiel als früher, wo ich kaum Sport gemacht und zehn Kilo mehr gewogen hatte, fand ich befremdlich. Mir tat auch immer gleich alles weh, ich wurde zusehends erschöpfter und hatte ständig einen leichten Muskelkater.

Manchmal vermutete ich, meine Beschwerden seien Symptome eines Übertrainings. Meine körperlich aktiven beruflichen Tätigkeiten als Chorleiterin und auch in der musikalischen Früherziehung, die einer Kindersportstunde gleichzusetzen ist, hatte ich unterschätzt und in meiner privaten Sportplanung unbeachtet gelassen. Mir fehlte also die Regeneration und nicht die Bewegung.

Das wollte ich aber nicht wahr haben aus Angst, durch weniger Sport wieder zuzunehmen. Es fällt mir bis heute schwer, diese Idee aus dem Kopf zu bekommen. Vor drei Jahren ergaben sich dann wie von selbst zwei Möglichkeiten der Entlastung, die ich auch ohne langes Zögern annahm.

Endlich Entlastung, die ich akzeptieren kann

Im Fitnessstudio hatte sich ein kompetenter Mitarbeiter dazu gesellt, der sehr froh war, wenn er mehr arbeiten durfte und der auch ein perfekter Nachfolger für die Ernährungsberatung war. Auch für zwei meiner Chöre fand sich eine geeignete Leitung.

Eigentlich hätte ich erleichtert sein müssen - und verspürte Wehmut. Es steckte so viel Arbeit und Herzblut in den losgelassenen Herausforderungen. Als beide Nachfolger ihre Funktion auf Grund eines körperlichen und seelischen Zusammenbruchs niederlegen mussten, wurde mir der hohe Anspruch dieser Aufgaben erst richtig bewusst.

Ich fragte mich, was Menschen in ein solches Laufrad treibt und sie dazu bringt, über ihre Grenzen zu gehen. Von außen war nicht zu erkennen, dass die beiden wie auch ich Grenzen überschritten hatten – sichtbar wurde das erst, als es zu spät war.

Es war die Zeit der Weltwirtschaftskrise, eine denkwürdige Zeit. Ein Nachbar zündete die eigene Firma an, ein anderer brachte sich um. Eine Arbeitskollegin verließ uns wegen schwerer Depressionen. Immer mehr Menschen in meinem Umkreis hatten seelische Probleme oder massive Erschöpfungszustände. Auch ein Kollege meines Mannes brachte sich wegen Depressionen um. Niemand hatte zuvor etwas von seiner Krankheit geahnt. Selber konnte ich inzwischen offen über meine Probleme sprechen und begann, den Sinn des Lebens immer mehr zu hinterfragen.

Vom Regen in die Traufe

Zum Ende des Schuljahres trennte ich mich von einem weiteren Chor. Mein Erschöpfungszustand wurde dadurch allerdings nicht besser, eher im Gegenteil. Heute vermute ich, es war eine Art Erholungsdepression. Nach einer andauernden Überanstrengung können in der Erholungsphase alle Symptome der Erschöpfung erst richtig ausbrechen.

Nun suchte ich nur noch Ruhe und Abstand. In einem Urlaub zu dieser Zeit war ich immer noch im Perfektionswahn, bekam einen Nervenzusammenbruch und war geplagt von Versagensängsten. Enttäuscht und unzufrieden mit mir glaubte ich, im Leben total gescheitert zu sein und nichts auf die Reihe zu bekommen.

Starker Selbsthass ängstigte mich und ich fürchtete, die Kontrolle über mich zu verlieren. Gut war, dass ich in der Stille und Abgeschiedenheit dieses Urlaubs wieder die Nähe zu Gott fand.

Nachdem die Sommerferien vorbei waren und ich merkte, dass ich mich noch lange nicht erholt hatte, war es für mich eindeutig, dass ich an einem Burnout leide.

Noch mehr abgeben

Abermals verringerte ich mein Arbeitspensum, strich auch den letzten Chor und reduzierte den Sportunterricht auf zwei Stunden pro Woche. Selbst diese waren mir zu viel und zu anstrengend, aber ich glaubte immer noch fest daran, dass mir Sport gut tun würde. Es ging immer weiter abwärts. Zu der Zeit war ich schlaflos, unruhig, von nächtlichen Ängsten und Panikattacken geplagt und ich musste oft weinen. Mir war nur noch schwindelig und ich hatte ein permanentes „Brett vor dem Kopf". Die verbliebene Arbeit konnte ich nur mit größter Anstrengung erledigen.

Aggression, Verbitterung und Frust

Der Umgang mit den vielen Menschen fiel mir schwer, ich rettete mich von Pause zu Pause. Im privaten Bereich lebte ich immer zurückgezogener, war schnell gereizt und vor allem mit der Verantwortung für meine Mutter und den Opa überfordert. Wenn die eigene Psyche leidet, ist es kaum möglich, mit seelischen Problemen eines anderen Menschen klar zu kommen. Wir gerieten heftig aneinander. Eine Menge der lange unterdrückten Verletzungen aus der Vergangenheit kamen zur Sprache. Über meine Verbitterung war ich selber überrascht, empfand die Aussprache aber auch als große Erleichterung.

Burnout

Dann ging ich zum Hausarzt und erklärte ihm, dass sich mein Erschöpfungszustand im letzten halben Jahr verschlimmert habe und ich einen Burnout als Ursache vermute. Mein Arzt konfrontierte mich mit der Frage, ob ich darüber nachdächte, mir das Leben zu nehmen. Das war nicht der Fall und ich gestand ihm: „Das habe ich als Jugendliche öfter getan. Jetzt will ich leben, kann aber nicht und fühle mich wie in eine Zwangsjacke gepackt."

Er riet mir zu einem Antidepressivum. Gegen meine starken Schlaf-störungen verordnete er Schlaftabletten und empfahl mich an einen Psycho- und Neurologen weiter.

Heute weiß ich, die Phase war Gottes Lebensschule. Der Funke des Glaubens wurde zum lodernden Feuer, im Alltag erfahrbar und zu meiner wichtigsten Lebenskomponente.

Adventskonzert trotz großer Schwäche

In der Weihnachtszeit gestaltete ich die Konzerte eines Gospel-chores in unserem Ort meist solistisch mit. Ich mag diesen Chor, denn ich habe noch keinen anderen Laienchor kennen gelernt, der so vor Dynamik und Leben sprudelt. Auch mein Hausarzt schätzt diesen Chor und vielleicht auch ein bisschen meine Stimme. Im Jahr zuvor hatte ich nicht mitgesungen, weil ich da ja mit der vermeintlichen Magendarmgrippe zusammengebrochen und am Ende meiner Kräfte war.

Nun ermutigte mich mein Hausarzt zum Mitsingen. Irritiert dachte ich: „Der weiß doch, wie erschöpft ich bin." Und dann: „Wenn er mir das zutraut, werde ich es wohl schon schaffen," und so habe ich tatsächlich mitgesungen.

Es ist schön, wenn jemand an einen glaubt, aber es ist auch gefähr-lich. Ein möglicher Eintritt ins endlose Laufrad. Die Bestätigung durch die Konzerte hat mir für meinen Selbstwert immer gut getan, aber in der Zeit auch meine letzten Kraftreserven aufgebraucht.

Selbstbestätigung von innen

Zu dieser Zeit wurde mir endlich klar, dass ich mein Selbstwertge-fühl nicht von außen, sondern von innen steuern und stärken muss-te. Sonst würde ich Gefahr laufen, meine Kräfte zu überschätzen und über das Ziel hinauszuschießen. Von der Bestätigung durch andere Menschen wollte ich frei werden. Unabhängig davon und mir meines eigenen Wertes bewusst.

Nach dem letzten Konzert war ich körperlich am Ende. Langsam befasste ich mich mit dem Gedanken, auch die Musikschule ganz aufzugeben. Inzwischen war ich beim Psychologen, bekam Antide-pressiva gegen die Erschöpfung, Beruhigungsmittel und Schlaf-tabletten. Ich war zunächst froh, diese „Krücken" zu bekommen.

Allerdings werden Antidepressiva oft als unbedenkliche Wunder-
mittel dargestellt, und man sehnt sich nach der versprochenen
Heilung. Heute bin ich sehr skeptisch und weiß auch, dass hinter
den Medikamenten vor allem ein Geschäft steckt. Bei aller Dankbarkeit ist mein Vertrauen in Ärzte mittlerweile eingeschränkter
und ich informiere mich gründlich selbst über Heilungsmöglich-
keiten. Auch lerne ich immer mehr, mit Gottvertrauen zu leben,
worin für mich der beste Heilungsweg besteht.

Schlaf und Vitamine helfen

Was mir wirklich gut getan hatte, waren die Schlaftabletten. Der
Schlaf brachte meinem Körper Erholung, die Kraftreserven bauten
sich langsam wieder auf. Es war natürlich keine Dauerlösung und
darüber hinaus spürbar, dass der Schlaf künstlich und unnatürlich
war. Nach und nach verloren die Tabletten auch an Wirkung. Einige
der Beruhigungsmittel, die mir verschrieben wurden, bewirkten
oft das Gegenteil, so dass ich sie meist gleich wieder weg ließ. Am
Ende fand mein Hausarzt ein Beruhigungsmittel, das mir sogar
half, zu meinem natürlichen Schlaf zurückzufinden.

Daneben versorgte ich mich nach eigener Recherche mit Nahrungs-
ergänzungsmitteln, die auch mitgeholfen haben, meine fehlenden
Antioxidantien und Mineralstoffe schneller wieder zu ergänzen.
Meine Ernährung gestaltete ich wieder vielseitiger und ausgewo-
gener, vor allem mit guten Salzen und eiweißreicher Kost.

Erholsamer Urlaub

Vor zwei Jahren flogen wir nach Teneriffa, um unseren Urlaub
in einer abgelegenen Finka zu verbringen. Die Ruhe und Abgeschiedenheit taten mir gut. Doch die erste Woche war hart. Zum
Frühstücksraum schaffte ich es nur mit Mühe. Wenn ich eine Tasse
Kaffee in der Hand hatte, fing ich an zu zittern. Dank der Medikamente konnte ich sehr viel schlafen und dadurch auch wieder
lesen. Bereits in der zweiten Woche ging es aufwärts, sodass ich
auch kleinere Unternehmungen machen konnte.

Der Urlaub hatte mich so gestärkt, dass ich danach mit Anstrengung, aber immerhin meine Musikschule und auch die Sport-
stunden aufrecht erhalten konnte. Von nun an ging es aufwärts.
Da das Lesen mir schwer fiel, wenn ich meine geistige Kraft für
den Unterricht schonen musste, blieb mir oft nur der Fernseher.

Für einen unruhigen Menschen ist es schwer, gar nichts zu tun, wenn sogar die Kraft für einen Spaziergang fehlt.

Gottvertrauen hilft

Manchmal saß ich den ganzen Tag auf dem Sofa und dachte: „Früher hättest Du Dich für faul gehalten. Heute kannst Du gar nicht anders, weil Du Dir die Ruhe zu lange versagt hast." Dabei empfand ich einen tiefen Frieden mit Gott im Herzen. Es machte mir gar nichts aus, denn ich wusste: Wenn Gott wieder etwas anderes mit mir vorhat, wird er mir die Kraft dazu schon wieder geben. Es ist eine schöne Erfahrung, sich auf dem Fundament des Glaubens getragen zu fühlen.

Ja zum Leben

Ich bejahe das Leben und wollte eher immer zu viel leben, aus eigener Kraft. Das machte es für mich anfangs schwer, die Diagnose einer Depression, eines Burnout anzunehmen, obwohl ich viel gelernt habe.

Das Leben jedes Menschen ist geprägt von seiner Vorgeschichte, seiner kindlichen Entwicklung und Prägung, den Erfahrungen und Erlebnissen. Diese beeinflussen die Motivation. Alle Menschen brauchen Liebe, das Gefühl von Bedeutung und Sicherheit und sie handeln, um diese Grundbedürfnisse zu befriedigen.

Wir neigen dazu, von außen nach innen zu leben. Wir hinterfragen nicht so sehr, wer wir wirklich sind, woher wir kommen, was der Sinn des Lebens ist und schon gar nicht, was ganz speziell der Sinn des eigenen Daseins ist.

Das ging auch mir so und auch ich lebte getrieben und gehetzt, um die eigenen Grundbedürfnisse zu befriedigen. Dies ließ mich erfolgreich sein, ließ mich über meine Grenzen gehen. Aber es ließ mich auch unerfüllt, da ich Vieles machte, was nicht meiner wirklichen, inneren Berufung entsprach.

Was führt aus dem Burnout heraus?

Es beginnt damit, einen klaren Stopp zu setzen. Aus dem Laufrad auszusteigen, die Tretmühle zu verlassen. Es beginnt damit, den Aufschrei des Körpers anzunehmen und hinzuhören, was er mir sagen möchte. Es beginnt damit, sich tiefergehend kennenzulernen und sich und das Leben zu hinterfragen.

Persönlich erlebe ich umso mehr Heilung, je mehr ich lerne, von innen nach außen zu leben. Je mehr ich meine Grundbedürfnisse nach Liebe, Bedeutung und Sicherheit aus einem von anderen Menschen unabhängigen Fundament (Gott und seiner Liebe) beziehe, desto mehr bin ich dadurch innerlich gefestigt, erkenne mich selbst und meine in mir angelegten schöpferisch–kreativen Muster, kann sie vertiefen und mich mit ihnen entfalten.

Durch den inneren Frieden und die Erkenntnis meiner Selbst bekomme ich nun immer mehr neue Lebensenergie und Motivation, mich wieder in der Gemeinschaft dieser Welt einzubringen.

Stefanie Armbrust, 32 Jahre, verheiratet, arbeitet als Musikerin und Musikpädagogin, Fitness- und Gesundheitscoach und als pastoralpsychologische Beraterin. Sie beschreibt, wie ihr aus Kindheitserlebnissen resultierender Kampfgeist sie in Situationen brachte, in denen sie Grenzen überschritt. Ihr Glaube an Gott und an sich selber halfen ihr, den Burnout zu überwinden.

*Jeder Mensch ist ein Clown,
aber nur wenige haben den Mut, es zu zeigen.*

Charlie Rivel

Das bisschen Arbeit ...

Sowas kann mir doch nicht passieren! Das war immer eine meiner wichtigsten Grundüberzeugungen, wenn ich von Herzinfarkten oder Burnout hörte.

Als Gesamt-Projektleiter eines internationalen Telekommunikations- und Informatikunternehmens war ich beruflich hohen Belastungen ausgesetzt. Auch meine Frau und unsere vier Kinder forderten mich. Dennoch nahm ich mir Zeit für diverse ehrenamtliche Tätigkeiten. Beispielsweise war ich als Medien- und Informationsverantwortlicher eines interregionalen Fußballverbandes tätig. Als Vorstandsmitglied eines sozialen Vereines organisierte ich ganztägige Anlässe für mehrere Tausend Besucher. Meinen sehr ausgeprägten Bewegungsdrang lebte ich auf einem hohen Leistungsniveau als Aktiv-Fußballspieler, mit Mountain-Bike-Touren und Jogging aus.

Durch diese körperliche Kompensation konnte ich die seelische Belastung wegkicken oder in den Boden strampeln. Das gab mir die notwendige Balance und Ausgewogenheit. Dass diese Aktivitäten in ihrer Gesamtheit zu viel für mich sein könnten, hätte ich nie gedacht.

Der Abend, der mein Leben veränderte

Eines Abends auf dem Heimweg veränderte sich mein Leben schlagartig. Mich kraftlos und schwach fühlend glaubte ich, mein Zuhause nicht mehr zu erreichen. Endlich angekommen legte ich mich hin, aber die Schwäche blieb. So suchte ich umgehend die Notfall-Station des nahegelegenen Spitals auf. Die richtige Entscheidung, denn dadurch konnten die Ärzte meine temporären Herzrhythmusprobleme überhaupt feststellen. Eine Stunde später wäre der Anfall vorbei gewesen und man hätte auch mit den besten EKG-Geräten nichts mehr entdecken können.

Das war der Beginn einer langen Odyssee durch zahlreiche kardiologische Untersuchungen und Abklärungen. Letztendlich wurden die Herzrhythmusstörungen bestätigt. Damit ergaben sich für mich zahlreiche Konsequenzen. Nun hatte ich ein medizinisches Problem, das mich in meiner körperlichen Leistungsfähigkeit massiv einschränkte, sodass ich meinen Bewegungsdrang nicht mehr wie bisher befriedigen konnte. Damals war die Tragweite dieses Ereignisses für mich nicht absehbar, die weitere Entwicklung nur eine logische Konsequenz davon.

Rückzug

Immer öfter reagierte ich sehr gereizt, auch bei nichtigen Anlässen. Wenn etwas nicht so ging, wie ich es mir vorstellte, belastete mich das zunehmend. Kleinigkeiten verdarben mir den ganzen Tag. Nach der Arbeit abzuschalten und die notwendige Distanz zu finden, wurde zunehmend schwierig. Abends dachte ich oft lange über Dinge nach, die ich tagsüber erlebt hatte, nahm die Probleme aus meiner Arbeit mit in die Freizeit.

Auch konnte ich mich immer weniger für außerberufliche Aktivitäten und Tätigkeiten wirklich richtig begeistern. Dies wirkte sich auf meine persönlichen Kontakte und das soziale Engagement aus. Viele Menschen, die ich gut kannte und die mir früher sehr viel bedeuteten, wurden mir gleichgültig. Im Umgang blieb ich lieber auf Distanz, nahm auch die Sorgen und Probleme der anderen nicht mehr so wichtig. Zeitweilig fühlte ich mich einsam, überspielte dies jedoch entsprechend. Immer mehr auf mich selbst ausgerichtet, konnte ich von meinem Umfeld keine Hilfe einfordern. Dass ich in einer existenziellen Krise steckte, aus der ich aus eigener Kraft keinen Ausweg mehr fand, war mir nicht bewusst.

Verleugnung der Warnsignale

Mir kam es vor, als ob meine komplette Energieversorgung allmählich heruntergefahren wurde. Körperlich und seelisch bemerkte ich Symptome, die ich weder verstehen und einordnen noch interpretieren konnte. Ich fühlte mich ausgelaugt und leer. Jede Entscheidung für eine Tätigkeit führte zu einer Motivationskrise. Die Erschöpfung steigerte sich. Mein Umfeld empfand ich als immer bedrohlicher, meine Selbsteinschätzung und -wahrnehmung wurden immer unrealistischer.

Zunehmend verstrickte ich mich in Gewissenskonflikten gegenüber meiner Familie und dem persönlichen Umfeld, fühlte mich mehr und mehr überfordert und orientierungslos. Diese eindeutigen Warnsignale wollte ich nicht wahrhaben, wollte es weiter allen recht machen. So verleugnete ich schlussendlich mich selbst. Bestehen blieb mein überdurchschnittliches Perfektionsstreben, das ich nicht befriedigen konnte. Ich bemerkte eine sich steigernde innere Unruhe und andauernde Alarmstimmung. Diese entlud sich als emotionale Überreaktion bei kleinsten, eigentlich belanglosen Anlässen.

Innere Leere

Die wachsenden beruflichen Anforderungen drängten sich in meinen Fokus. So war ich zunehmend überarbeitet und vernachlässigte meine persönlichen Bedürfnisse. Unbewusst stellte ich mein eigenes Wertesystem auf den Kopf, ehemals sehr wichtige Dinge wie Hobbys und Freunde waren auf einmal nicht mehr relevant. Die daraus entstehenden inneren Probleme und Konflikte verleugnete und überspielte ich. Meine innere Leere gepaart mit der zunehmenden Überempfindlichkeit, den Gefühlsausbrüchen und Überreaktionen wurden für mein Umfeld mehr und mehr befremdlich. Anderen gegenüber wurde ich intolerant und abwertend, zog mich zurück und brach auch die letzten sozialen Kontakte ab.

Kein Kontakt zu mir selbst

Nach außen wurde mein verändertes Verhalten deutlich. Ich empfand mich als wertlos, wurde ängstlich und unsicher. So verlor ich
nicht nur den Kontakt zu anderen Menschen, sondern auch zu mir
selbst. Dadurch hatte ich das Empfinden, dass das Leben „einfach abläuft" und für mich keinen Sinn mehr ergibt. Als logische
Konsequenz wurde ich gleichgültig und hoffnungslos, fühlte mich
dauernd erschöpft und perspektivlos – und hielt das für normal.

Erste Gedanken an einen Selbstmord als vermeintlichen Ausweg
aus dieser Situation signalisierten mir die akute Gefahr, waren
Vorboten eines Zusammenbruchs. Die immer noch vorhandene
Überzeugung „das kann mir doch nicht passieren" auf dem Boden
einer massiven Selbstüberschätzung verhinderte jedoch, dass ich
das Gesundheitsrisiko erkannte und Hilfe suchte.

Ein erneuter Zusammenbruch weist den Weg

Einmal mehr wurde ich aufgrund eines akuten Kreislaufzusam-
menbruchs untersucht. Die Kliniker fanden keine organischen
Auffälligkeiten. Nun hinterfragte ich endlich selbstkritisch die
möglichen Auslöser im seelischen Bereich und veranlasste einen
Termin bei einem Psychiater.

Dieser erklärte mir nach einer halben Stunde offen und ohne
Vorwarnung, dass ich an einer schweren Depression mit körperlichen Begleitsymptomen leide. Eigentlich hatte ich schon damit
gerechnet und es innerlich schon lange gewusst, aber dennoch
war es ein Schock.

Nun musste ich mit mir selbst ins Reine kommen und akzeptieren,
dass eine Depression – ebenso wie körperliche, organbezogene
Krankheiten wie Bluthochdruck oder Herzprobleme – nur mit
fachkundiger Unterstützung und nicht eben mal schnell selbst
behandelt werden kann.

Professionelle Hilfe war der richtige Weg. Diese Tatsache musste ich akzeptieren und die Hilfe auch annehmen. Das würde ein
intensiver Lernprozess werden, denn in der Vergangenheit hatte
ich mich immer auf mich selbst verlassen, meine Probleme selbst
gelöst, verdrängt oder vor mir hergeschoben.

Hilfe akzeptieren lernen ist keine Schwäche

Jetzt begann ich, mich über meine Krankheit und speziell meinen persönlichen Zustand zu informieren. Zur Diagnose gesellte sich das erste große Problem. Das Eingeständnis mir selbst und der Umwelt gegenüber, Hilfe zu wollen und zu brauchen, entpuppte sich als schier unüberwindbares Hindernis.

Wissend, dass ich keine Wahl, keine Alternative hatte, musste ich mich dieser Herausforderung stellen. So fiel es mir zuerst sehr schwer, meine Familie und mein Umfeld zu informieren. Aber mit jeder Offenbarung fühlte ich mich erlöster, wurde die Belastung immer kleiner. Heute bin ich überzeugt, es ist keine Schwäche, sondern eine persönliche Stärke, sich zu akzeptieren und zu sich zu stehen.

Eine wichtige stützende Erfahrung waren die Reaktionen aus dem Umfeld. Freunde und Kollegen kamen auf mich zu, berichteten zum Teil von ähnlichen Erfahrungen, waren verständnisvoll und auch überrascht. Diejenigen, die mich nur oberflächlich kannten, waren nie auf den Gedanken gekommen, wie es mir wirklich ging. Masken hatte ich ja in großer Auswahl in meinem Repertoire.

Doch nun war der erste Schritt getan, und daraus ergab sich der Leitgedanke der Therapie: Kleine Veränderungen angehen, eine nach der anderen. Heute bin ich davon überzeugt, dass der wichtigste Schritt darin bestand, die Situation bewusst zu erkennen und mich selber auch wirklich zurückzunehmen.

Endlich brauchte ich mich vor mir selbst nicht mehr zu verstecken. Unter Anleitung eines Psychologen lernte ich die wichtigsten Methoden, um Alarmsignale zu erkennen und darauf zu reagieren. So erarbeitete ich mir einen Weg, diese kleinen Schritte spontan und zielgerichtet im Alltag umzusetzen. Als viel größere Herausforderung erwies es sich, meine Ansprüche an mich selbst und meinen Perfektionismus herunterzuschrauben.

Selbstwahrnehmung

Als Nächstes sollte ich mich selbst besser wahrnehmen und mir über meine ganz persönlichen Bedürfnisse, Wünsche und Vorstellungen klar werden.

Diese Selbstwahrnehmung und Selbstfindung orientierte sich an für mich zentralen Themen, die ich hinterfragte und neu gewichtete:

- Pflichtbewusstsein und Leistungsbereitschaft
- Identifikation mit der Arbeit (Beruf und ehrenamtliche Tätigkeiten)
- Neigung zu Perfektionismus
- Abhängigkeit von der Bestätigung anderer
- Vernachlässigung der eigenen Bedürfnisse
- Sensibilität für die eigenen Gefühle und die Empfindungen von anderen Menschen entwickeln
- Hohe Ansprüche relativieren

Neue Denkmuster etablieren

Meinen inneren Drang, immer alles zu 120 Prozent – oder zumindest besser als die anderen – zu machen und den daraus resultierenden Druck, musste ich hinterfragen. Nur so konnte ich lernen, den Teufelskreis zu durchbrechen. Sicher entstand der Druck auch dadurch, dass ich nicht „Nein" sagen konnte, weder mir selbst noch anderen gegenüber.

„Das ist gut genug und ich kann sogar damit zufrieden sein," war mein erster Lernschritt raus aus dem Teufelskreis. Der zweite Schritt war ein einfaches „Nein" zu neuen Aufgaben und Anforderungen von außen oder von mir selber.

Die neuen Denkmuster funktionierten und bewirkten, dass ich wieder Zeit für mich und die mir wichtigen Dinge hatte. Die Therapie hat mir fortlaufend geholfen, aktuell anstehende Probleme und Hindernisse, die ich zunächst als unüberwindbar empfand, so zu ordnen und anzugehen, dass ich sie in kleinen, aber erfolgreichen Schritten bewältigen konnte.

Zeit für Erholung

Wenn ich heute merke, dass ich etwas nicht machen kann – lasse ich es einfach. Das fiel mir in den ersten Wochen sehr schwer. So habe ich mich dann bewusst hingesetzt und beispielsweise ein Buch gelesen, mit meinen Kindern gespielt oder gar nichts getan. Es belastet mich zwar auch heute noch, wenn eine vermeintlich wichtige Arbeit liegen bleibt, während ich „nichts mache". Aber ich kann damit besser umgehen.

Wenn ich in schlechter Stimmung und unter der Belastung arbeiten würde, käme kurz- und mittelfristig nichts Gutes dabei heraus, das durfte ich ja bereits erleben. Also kann ich es auch gleich bleiben lassen.

Für mich war und ist es sehr wichtig, genügend Zeit zum Erholen und Ausruhen zu haben, um damit die Aufmerksamkeit gezielt von den geistigen und körperlichen Belastungen ablenken zu können. Auch die zwingend notwendige Distanz zur beruflichen Tätigkeit ist ein weiterer Aspekt, der mittlerweile einen hohen Stellenwert für mich hat.

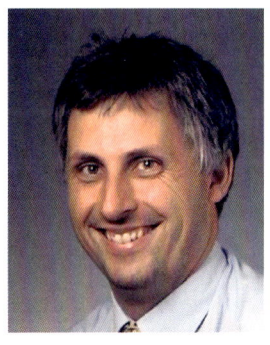

Reto Stolz arbeitet als Projektleiter, ist verheiratet und hat vier Kinder. Er ist leistungsorientiert – und kann heute seinen Perfektionismus und seine Bereitschaft, eigene Grenzen zu überschreiten, hinterfragen und relativieren.

Gott, gebe mir die Gelassenheit,
Dinge hinzunehmen, die ich nicht ändern kann,
den Mut, Dinge zu ändern, die ich ändern kann,
und die Weisheit, das eine vom anderen zu unterscheiden.

Reinhold Niebuhr

Nur noch funktionieren

Neun Uhr morgens, ein Tag im Büro. Seit einer halben Stunde sitze ich an meinem Platz und versuche mich auf die vor mir liegende Aufgabe zu konzentrieren: Was ist zu erledigen? Was wird benötigt? Wie gehe ich vor? Die wichtigste Frage: Wieso kann ich mich nicht konzentrieren?

Meine Gedanken schweifen ab, ich merke, wie ich an einfachere und angenehmere Dinge denke. Meine Konzentration baut sich nicht auf, ich bin dankbar für jede Ablenkung. Fange an, mich mit unwichtigeren Dingen zu beschäftigen: Zeitung lesen, im Internet surfen, über den Betriebshof laufen. Mir fehlt der Antrieb, mich mit meinen Verpflichtungen auseinander zu setzen, ich habe keine Lust. Was ist anders als bisher? Wieso kann ich meine Arbeit nicht mehr so erledigen, wie ich es gewohnt bin?

Die anstehende Aufgabe muss erledigt werden und irgendwie schaffe ich es dann, mich damit zu beschäftigen, arbeite das Pensum nur widerwillig ab, funktioniere. Aber das kann es doch nicht sein, nur noch abzuarbeiten, mich nicht einbringen zu können. Dennoch, es ist so. Aktuell bin ich zu mehr nicht in der Lage.

Urlaubsreif

Die typischen Symptome für einen Burnout nehme ich nicht wahr, erkenne die Warnsignale nicht. Bald habe ich Urlaub und da werde ich mich dann mal so richtig ausruhen, mich entspannen und das tun, wozu ich Lust, woran ich Spaß habe, was mir gefällt. Darauf freue ich mich schon sehr. Danach sieht die Welt bestimmt schon wieder ganz anders aus. Bis dahin sind es noch ein paar Tage und die werde ich auch noch überstehen.

Hinter den Kulissen

Mein Chef hatte mich vor einiger Zeit angesprochen und gesagt, dass man mir ansehen könne, dass ich überarbeitet sei und dringend eine Auszeit benötigte. Gewünscht hatte ich mir, dass er sich mit mir hinsetzt und wir dieses Thema ausführlicher beleuchten. Denn die Anzeichen waren bei mir ja schon länger erkennbar. Allein die Überstunden hatten sich über einen Zeitraum von 18 Monaten zu einer stattlichen Anzahl im oberen dreistelligen Bereich angesammelt. Abhilfe war leider nicht in Sicht.

Die Motivation litt enorm unter diesem nicht haltbaren Zustand. Anerkennung für das geleistete Zusatzpensum wurde nicht in Aussicht gestellt und war vielleicht auch nicht gewollt. Oft hatte ich auf unzureichende Strukturen, Personalengpässe und erhöhtes Aufgabenvolumen hingewiesen, Lösungsvorschläge erarbeitet und vorgelegt. Fehlanzeige! Es schien kein Interesse an einer Auseinandersetzung mit einem so sensiblen Thema zu geben. Der Mitarbeiter, das war für mich die bitterste Erfahrung, war wohl nur noch eine Personalnummer, jederzeit ersetzbar, wenn er nicht richtig funktionierte.

Spaß an der Arbeit

Dabei waren die Begeisterung und die Bedingungen zu Beginn meiner Tätigkeit ganz anders gewesen, die Tätigkeit im Betrieb von gegenseitiger Wertschätzung, Respekt und Akzeptanz getragen. Es herrschte damals Aufbruchstimmung, die Struktur des Konzerns und die Auswirkungen auf unsere Firma waren noch nicht spürbar, wir hatten vor Ort noch weitgehend unternehmerische Freiheiten.

Die Herausforderung hatte für mich in einem komplett neuen Betätigungsfeld mit Verantwortung für Personal und Material bestanden, wobei mir in Personalfragen keine wirklichen Kompetenzen zugesprochen wurden. Hier hatte sich mein Vorgesetzter jedwede Entscheidung und Gestaltung vorbehalten. Meine betriebswirtschaftlichen Kenntnisse und Qualitäten, mein organisatorisches Knowhow und meine unternehmerischen Fähigkeiten waren dagegen sehr gefragt.

Ein Jahr nach dem Übergang in den Konzern stand die Firma noch voll im Umbruch und war betriebswirtschaftlich nicht da, wo sie eigentlich hätte stehen können. Meine Aufgaben bestanden darin, Altlasten abzubauen und neue Strukturen zu schaffen, interne Prozesse zu straffen, ein Qualitätsmanagement-System aufzubauen und bis zur Zertifizierung zu bringen, Zahlen zusammenzufassen und zu analysieren, Personal zu motivieren - und viel Verantwortung zu übernehmen. Dazu hatte ich Lust, das war eine Herausforderung nach meinem Geschmack.

Entscheidungen treffen erlaubt

Die Branche war Neuland für mich und ich brauchte Zeit, bis ich die Grundzüge verstanden und mich eingearbeitet hatte. Motiviert erschloss ich mir viel Neues, lernte interessante Menschen kennen, zeigte Engagement und wuchs mit meinen Aufgaben. Meine Arbeit machte mir Spaß, ich fühlte mich gut und war zufrieden. Zusätzliche Aufgabenbereiche wurden mir übertragen, ich konnte mich auf Seminaren und Fortbildungsveranstaltungen weiterbilden.

Alles schien gut zu laufen. Mein Vorgesetzter hatte regelmäßig Zeit, sich mit mir zusammenzusetzen. Wir konnten dann in persönlichen Gesprächen viele Themen besprechen, klären und uns austauschen. Es entwickelte sich eine konstruktive Zusammenarbeit.

Als Führungskraft wusste ich noch, woran ich war und an welchen Vorgaben ich gemessen wurde. Entscheidungen konnte ich weitgehend selbstständig treffen, sofern diese in dem mir gesteckten

Rahmen blieben. Es war eine spannende und interessante Aufgabe, eine Herausforderung, die meiner Erwartung an diese Tätigkeit entsprach. Es wurde geschätzt, wie ich meine Arbeit erledigte. Die Motivation stimmte, das Umfeld auch.

Bis sich in den folgenden Monaten eine Arbeitssituation entwickelte, der mit den vorhandenen Ressourcen nicht länger entgegengesteuert werden konnte.

Umstrukturierung

Es begann damit, dass neue übergeordnete Strukturen geschaffen wurden. Damit verbunden war eine Straffung der Verwaltung und der Organisationsstrukturen. Aufgaben, die bisher vor Ort bearbeitet worden waren, wurden auf Konzernebene zentral erledigt oder bestimmten Regionen zugeordnet. Sich vor Ort auf die eigentlichen Aufgaben und Kernkompetenzen zu konzentrieren, wurde dadurch jedoch nicht einfacher. Auch die Arbeitslast wurde nicht geringer. Im Gegenteil mussten die eigentlich zentralisierten Aufgaben nun zusätzlich mit erledigt werden. Aus dem notwendigen Reporting und Controlling ergaben sich darüber hinaus weitere zeitintensive Verpflichtungen.

Die Anzahl der Mitarbeiter vor Ort wurde jedoch reduziert. Anstehende Aufgaben mussten auf die verbliebenen Arbeitskräfte verteilt werden. Diese wurden durch die Neuorganisation zusätzlich massiv belastet und erhielten keinerlei Ausgleich für die Mehrarbeit. Dies führte letztendlich zum gesundheitlichen Zusammenbruch einiger Mitarbeiter.

Alles neu, alles anders: Alles gut?

In der folgenden Phase waren alle damit beschäftigt, sich mit den neuen Strukturen und Aufgaben auseinanderzusetzen: Neue Aufgaben, neue Tätigkeitsfelder, Vorgaben und Reports sollten mittelfristig zur Routine werden. Zuvor etablierte Systeme wurden nur noch halbherzig umgesetzt und nach einiger Zeit abgeschafft. Dafür wurden neue Abläufe entwickelt.

Durch den ständigen Wechsel der Führungskräfte in den höheren Managementebenen wurde das Rad immer wieder neu erfunden. Da gab es beispielsweise gleichlautende Abfragen aus der Region und aus der Zentrale, weil niemand diesen Datenfluss koordinierte. Bestimmte Daten wurden zeitweise parallel, also von unterschiedlichen Abteilungen gleichzeitig, an Vorgesetzte gemeldet. Ein Qualitätsmanagement wurde eingeführt und zunächst auch mit Leben erfüllt, konnte aber wegen der allgemeinen Arbeitsbelastung nur unzureichend weiter verfolgt werden.

Eine weitere Folge der Umstrukturierungen war, dass die Vorgesetzten weniger Zeit für die Organisation vor Ort hatten, da sie zusätzliche Aufgaben übernehmen mussten und sich noch weniger mit den Mitarbeitern austauschen konnten. Es wurde nur noch grob koordiniert, Führung war nur sporadisch möglich. Die Führungskräfte waren durch das neue System extrem belastet und es fehlte die Zeit für das Wichtigste: Basiskontakt und Führung der Mitarbeiter.

Konsequenzen

Wie konnten wir den anstehenden Aufgaben und Tätigkeiten im Betrieb mit den vorhandenen Mitteln gerecht werden? Zunächst machten wir uns intern Gedanken darüber, wie wir die Aufgaben verteilen könnten, um die Überforderung jedes Einzelnen zu vermeiden und Zusatzbelastungen so gering wie möglich zu halten. Dies funktionierte in der ersten Zeit auch relativ gut. Aber weitere neue Aufgabenfelder machten diesen Ansatz leider unbrauchbar.

Einer der Mitarbeiter konnte aus gesundheitlichen Gründen seinen Aufgaben nicht mehr wie gewohnt und erwartet gerecht werden. Seine Aufgaben mussten zum großen Teil von den Kollegen mit aufgefangen werden. Unser Vorgesetzter hatte zwar Gespräche mit diesem Mitarbeiter geführt, die aber zu keiner Verbesserung der Arbeitssituation geführt hatten. Da er sich alle personaltechnischen Entscheidungen und Prozesse vorbehalten hatte, waren mir die Hände gebunden und meine Vorschläge zu einer Lösung der Situation blieben ohne Reaktion.

Mitarbeiter als Nummer

Was blieb, waren Resignation und Mehraufwand für das übrige Team. Und der Eindruck, dass keiner so recht wusste, wohin der Weg denn gehen sollte. Welche Zielsetzung gab es? Welche Ergebnisse sollten erreicht werden? Woran wurden unsere Aktivitäten und Resultate gemessen? Waren wir auf dem richtigen Weg? Waren wir noch die richtigen Personen auf den richtigen Posten?

Eine ernüchternde Erkenntnis war für einige von uns, dass wir in diesem Konzern keine Menschen mehr, sondern nur noch Personalnummern zu sein schienen. Wir waren austauschbar geworden.

Nur eine Nummer zu sein, fällt mir schwer. Ich liebe es, mich einzubringen, Entscheidungen vorzubereiten und zu treffen, Verantwortung zu übernehmen, Ziele zu erreichen, im Team zu arbeiten und den Gesamtüberblick zu behalten. Dazu gehört für mich, das unternehmerische und betriebswirtschaftliche Ziel nicht aus den Augen zu verlieren, die Zahlen, Daten und Fakten zusammenzutragen, zu analysieren und daraus die weiteren Schritte abzuleiten. Das ist mein Credo, meine Vorstellung von der Ausübung meiner Tätigkeit in der jeweiligen Position, die ich innehabe.

Diese innere Einstellung konnte ich mit den Vorgaben des Konzerns nicht mehr in Einklang bringen. Und noch viel schlimmer: ich bemerkte lange nicht, dass mich genau diese Diskrepanz in den Burnout führte.

Urlaub ohne Erholung

Die dritte Urlaubswoche hatte begonnen. Montagmorgen. Kaffee trinkend saß ich auf dem Balkon. Dabei ging mir einiges durch den Kopf, was ich in den letzten Tagen bei mir beobachtet hatte. Wieso fühlte ich mich eigentlich nach knapp sieben Stunden Schlaf so schlapp? Warum geisterten immer noch berufliche Themen durch meinen Kopf? Wieso konnte ich nicht abschalten? Wieso konnte ich mich nicht konzentrieren? Warum war ich so antriebslos? Was war nur los mit mir? Um mir Rat zu holen, entschloss ich mich, einen Freund anzurufen. Er hatte mir schon viele Tipps und Ratschläge geben können.

Rahmenbedingungen

Am nächsten Vormittag saß ich bei ihm im Wohnzimmer und wir unterhielten uns länger über berufliche Themen, die mich bewegten. Ich erzählte ihm, wie ich mich fühlte und welches Verhalten ich an mir beobachtete. Als Kollege von mir kannte er meine Situation sehr gut und konnte sich in meine Lage hineinversetzen.

Er fragte mich nach meiner Partnerschaft und wollte wissen, was meine Freundin denn zu dieser Thematik sage und wie sie sich mir gegenüber verhalte.

Jetzt erst fiel mir auf, dass wir zwar darüber gesprochen hatten, wie ich mich fühlte, aber nicht darüber, was ich ändern und verbessern könnte. Mir wurde bewusst, wie sehr unsere Beziehung gelitten hatte und wie wenig wir über meine Situation gesprochen hatten.

Wir hatten uns sowieso nicht sehr häufig über unsere Gefühle und über Themen unterhalten, die uns bedrückten oder begeisterten. Meistens beschränkten sich unsere Gespräche nur auf das Notwendigste – das schien uns ausreichend zu sein. Jeder war so seinen eigenen Weg gegangen und hatte den anderen nicht mehr mitgenommen. Das war dann später auch der Grund für die Trennung.

Burnout? Ich doch nicht ...

Mein Freud riet mir, meinen Hausarzt aufzusuchen, um mögliche körperliche Ursachen für meinen Zustand ausschließen zu lassen. Seine vorsichtige Diagnose lautete „Burnout". Burnout? Ich doch nicht, ich bin doch höchstens ein wenig überarbeitet – oder steckte da doch noch mehr dahinter?

Meine Gedanken überschlugen sich. Was ist Burnout eigentlich genau? Was passiert da mit mir? Wie sehen die Symptome aus? An einen Burnout hatte ich natürlich auch schon einmal gedacht, das will ich nicht leugnen. Aber so schnell der Gedanke kam, so rasch hatte ich ihn auch wieder verdrängt – das traf ja auf mich nicht zu. Vielleicht sollte ich diese Möglichkeit doch nicht länger ignorieren. Einen ersten Schritt hatte ich ja schon getan. Nun wollte ich gleich den nächsten gehen.

Ärztliche Diagnose

Mein Hausarzt bestätigte den Verdacht auf Burnout und Depressionen. Nach eingehender Untersuchung konnte er organische Ursachen für meine Schwierigkeiten ausschließen. Sein Eindruck wurde auch durch unser ausführliches Gespräch untermauert. Er riet mir dringend zu einer Reha in einer psychosomatischen Klinik, zu sportlicher Betätigung, um für körperlichen Ausgleich zu sorgen und zu einer Psychotherapie.

Das alles musste ich erst einmal auf mich wirken lassen und ich verließ die Praxis mit einer Arbeitsunfähigkeitsbescheinigung auf unbestimmte Zeit in der Tasche.

Krampfhaft versuchte ich, mich zu orientieren, fühlte mich wie aus der Bahn geworfen, stand irgendwie neben mir. Begriffe schwirrten durch meinen Kopf: Burnout, Depressionen, Anspannung, Antriebslosigkeit, Kraftlosigkeit, Unlust und Frust. Ungläubig stand ich auf der Straße und wusste nicht, was ich machen sollte. Ratlos für diesen Moment, konnte ich nur innehalten, einfach nur da stehen, regungslos. Erst mal ins nächste Café gehen und einen Kaffee bestellen. Alles auf mich wirken lassen. Nachdenken, soweit dies möglich war. Sortieren. Burnout! Depression! Zwei Worte mit einer starken Wirkung.

Fragen über Fragen

Zunächst dachte ich wieder: ich doch nicht! Aber: Es war Fakt und nicht einfach so aus der Luft gegriffen. Die Anzeichen waren ja schon länger da gewesen, rückblickend klar und deutlich, eigentlich nicht zu übersehen. Trotzdem fiel es mir nicht leicht, mich dieser Diagnose zu stellen. Aber genau das war die entscheidende Voraussetzung für das weitere Vorgehen. Ich musste mich der Diagnose stellen, sie als Tatsache akzeptieren und mich intensiv damit auseinander setzen. Musste die nächsten Schritte planen und anfangen. Aber wo beginnen? Wie würde es weitergehen? Wie sollte ich damit umgehen? Was würde sich für mich ändern? Wie viel Zeit würde ich dafür benötigen? Fragen, auf die ich keine Antworten wusste.

Gib mir Geduld - sofort

Mir wurde schnell klar, dass ich diese Antworten so schnell nicht finden würde und Änderungen nicht von heute auf morgen realisieren könnte. Es würde seine Zeit brauchen, ich durfte nicht ungeduldig sein.

Genau das ist mein Problem. Ich bin ein Arbeitstier, brauche Beschäftigung. Stillsitzen kann ich nicht, bin unruhig, weil ich immer glaube, für mich und für andere noch mehr machen zu können. Hauptsache, ich habe etwas zu tun und es macht mir Spaß.

Das würde für mich eine schwierige Zeit werden. Es war nicht so, dass ich nichts zu tun gehabt hätte, im Gegenteil: Papiere ordnen (müssten dringend mal wieder abgeheftet werden), Musik sortieren (wollte ich schon lange mal machen), Platten überspielen, Fotos sortieren und aufarbeiten (die häuften sich schon und nahmen viel zuviel Platz in Anspruch), ein Reisetagebuch schreiben, mal wieder gute Bücher lesen und weitere Dinge, die ich mir mal vorgenommen hatte und die irgendwie liegengeblieben waren, standen auf dem Plan. Antriebs- und lustlos, wie ich mich fühlte, konnte ich mich jedoch nicht dazu durchringen, endlich damit anzufangen.

Aus dem Gleichgewicht

Meine innere Struktur war nicht mehr in Balance. Für mich und mein Leben, meine Arbeit brauche ich eine gewisse innere Grundstruktur. Wenn nur eine Kleinigkeit nicht stimmt, komme ich aus dem Gleichgewicht und stehe neben mir. Da ich sehr ordnungsliebend bin, müssen die Dinge einen bestimmten Platz haben. Dazu kommt, dass ich mich mit 80 oder 90 Prozent nicht zufrieden gebe. Es müssen mindestens 100 Prozent Leistung sein, besser noch mehr. Das Ergebnis muss stimmen, der Aufwand ist egal.

So war das bei mir auch im Berufsleben. Meine Einstellung und die Erwartung des Unternehmens passten: das Ergebnis war wichtig. Welcher Aufwand dafür betrieben werden musste, war völlig egal. So egal, dass die gesundheitlichen Folgen von beiden Seiten billigend in Kauf genommen wurden. Seitens des Konzerns unter der Grundannahme, dass jeder Mitarbeiter austauschbar, eine Personalnummer im System war. Das wurde mir zu diesem Zeitpunkt zum ersten Mal bewusst. Es erklärte meine gesundheitliche Situation, änderte oder verbesserte aber nichts daran.

Wie konnte ich aus diesem Kreislauf herauskommen, einen Weg aus der Krankheit finden? Ohne Hilfe würde ich keinen Schritt nach vorne kommen. Mir war auch klar, dass ich derjenige war, von dem alles weitere ausgehen musste. Wenn ich nicht den Startschuss abgeben würde, könnte sich nichts verbessern. Mit mir selbst konnte ich mich zwar auseinandersetzen, aber war ich dadurch auch in der Lage zu erkennen, was mir fehlte beziehungsweise welche Ursachen für meinen Zustand verantwortlich waren und was ich daran ändern könnte?

Also bereitete ich die nächsten Schritte vor. Zum einen versuchte ich, einen Termin bei einem Psychotherapeuten zu bekommen- und musste mit Erschrecken feststellen, dass es in meiner Region Wartezeiten von mindestens zwölf Monaten gab. Von anderen Gebieten in Deutschland hörte ich, dass die Wartezeiten und Wartelisten dort noch länger sein können. Wie sollen Menschen mit ihren Schwierigkeiten umgehen, wenn sie so lange auf einen Termin warten müssen? Akute Fälle, so hörte ich, müssten notfalls in die Psychiatrie eingewiesen werden.

Aber ich hatte Glück und nach circa 20 Telefonaten erreichte ich eine Psychotherapeutin, die mir die Möglichkeit anbot, mich regelmäßig bei ihr zu melden, um mögliche kurzfristig abgesagte Termine zu nutzen. Schon in der folgenden Woche konnte ich kommen. Die Forschungsreise konnte beginnen.

Dann bemühte ich mich um eine Reha. Dazu suchte ich die Rentenberatungsstelle auf und stellte einen Antrag. Schon nach zwei Wochen ging ein positiver Bescheid bei mir ein. Allerdings noch ohne Termin, diesen würde mir die Reha-Klinik direkt mitteilen.

Tabu

Bis dahin arbeitete ich mit meiner Therapeutin. Sie beleuchtete meine berufliche Situation und fragte auch nach familiären Hintergründen und meiner Lebensgeschichte. Bei diesen Gesprächen merkte ich, dass ich zu beruflichen Angelegenheiten immer etwas sagen konnte.

Bei persönlichen, privaten und familiären Themen setzte bei mir eine Art Blockade ein. Da hatte ich Schwierigkeiten, mich mitzuteilen. Insbesondere merkte ich, dass mir meine Kindheit, die Beziehung zu meinen Eltern und meinen Geschwistern schwer zu schaffen machte. Da lag mir etwas auf der Seele, worüber ich mir bisher noch nie Gedanken gemacht hatte.

Start in die Reha

Die Information zum Termin für die Reha traf ein und ich war erstaunt, dass ich trotz meiner Arbeitsunfähigkeit noch drei Monate warten sollte, bis ich zur Reha fahren durfte. Das musste doch früher möglich sein, was sollte ich denn die ganze Zeit machen? Meine Therapeutin hatte ja nur begrenzte Möglichkeiten, um mich zu betreuen.

Das musste ich klären. Bei meinem Anruf in der Klinik erfuhr ich, dass dort nicht bekannt war, dass ich arbeitsunfähig war. Dabei war dies dem Rententräger sogar schriftlich mitgeteilt worden.

Das freundliche Klinikpersonal sagte zu, mich auf die Warteliste zu setzen. Und schon am nächsten Tag erhielt ich einen Anruf, dass ich fünf Tage später anreisen konnte. Nachdem alles geregelt war, fuhr ich also in die Klinik. Was erwartete mich dort? Was wurde von mir erwartet? Welche Therapien, Anwendungen beziehungsweise Aktivitäten würde es geben?

Klinikalltag

Es folgten vier Wochen Klinikaufenthalt mit Therapiesitzungen, Aktivitäten, Vorträgen und sehr vielen Gesprächen. Die Gruppentreffen mehrmals pro Woche waren informativ und interessant. Hier konnte ich mich mit anderen Betroffenen austauschen, neue Aspekte und andere Sichtweisen kennenlernen, auch mal Gefühle zeigen und: Hier durfte ich Mensch sein.

Ich wurde akzeptiert, so wie ich war – das war für mich sehr wichtig. In meiner Gruppe gab es sowohl kontroverse Diskussionen als auch konstruktive Kritik und Hilfestellung. Die anderen haben mir bei vielen Themen die Augen geöffnet und hilfreiche Tipps gegeben. Der Therapeut musste kaum eingreifen.

Auch bei den anderen Aktivitäten war die Stimmung gut, sei es beim Sport (Schwimmen, Nordic Walking, Bogenschießen), beim Autogenen Training oder in den Vorträgen. Die Gruppendynamik stimmte und die Gruppe war ausgeglichen. Meine Einzelsitzungen beim Bezugstherapeuten waren für mich weniger hilfreich. Persönliche Anliegen konnten hier nur oberflächlich gestreift werden.

Aus der Reha habe ich viele Informationen rund um das Krankheitsbild Burnout mitgenommen, wie z.B. zum Stressmanagement, zur Steigerung der Lebensqualität, über die Lebensplanung, über gesunde Ernährung, zu Präventionsmaßnahmen, zu mentalem Aktivierungstraining und zu Autogenem Training als Entspannungsmethode.

Sehr gut getan hatten die körperlichen Aktivitäten, die ich bis dahin vernachlässigt hatte, weshalb meine Fitness zu dem Zeitpunkt sehr zu wünschen übrig ließ. Während der Reha habe ich wieder Interesse an verschiedenen sportlichen Betätigungen gefunden und gehe heute Schwimmen, Fahrrad fahren und betreibe Nordic Walking. Die körperliche Bewegung benötige ich als Ausgleich für den Alltag, um mein inneres Gleichgewicht zu bewahren.

Besserung kommt von innen

Das Wichtigste war und ist, dass ich bereit bin, mich selber ein-zubringen und dafür sorge, dass sich mein Zustand verbessert. Konstruktiv waren die Hinweise auf die Möglichkeiten der Hilfe zur Selbsthilfe und Tipps für meinen Lebensweg. Mir wurde deut-lich signalisiert, dass nur ich derjenige sein kann, der diesen Weg geht und dass ich selber der Auslöser und verantwortlich bin für mein Leben und meine Zukunft.

Der Schatz der Reha

Das Interessanteste an dieser Reha stand nicht auf dem The-rapieplan: die vielen Gespräche außerhalb der Therapie, die zwischenmenschlichen Beziehungen, die sich entwickelten, sei es während der Essenszeiten, den Freizeitaktivitäten, den ge-meinsamen Ausflügen oder einfach nur auf dem Flur oder in den Gemeinschaftsräumen. Hier habe ich mehr über mich und mein Inneres erfahren als in den verordneten Aktivitäten und bekam wichtige Impulse für meine eigene Strategie.

Es fand ein intensiver Austausch statt, es wurde auch mal über Privates gesprochen. Es war fast spielerisch, eine Erfahrung, die mich und mein Handeln geprägt hat. Hier war es einfacher, sich auch mal fallen zu lassen, hier wurden engere Kontakte geknüpft, als dies in der Gruppe denkbar gewesen wäre.

Es war möglich, sich offen über sensible Themen auszutauschen, die sonst nicht angerührt worden wären. Bei einem dieser Gesprä-che brach plötzlich ein Teil meiner Vergangenheit aus mir heraus: Der erste Schritt zur Bewältigung war gemacht. Da ich dieses Anliegen in der kurzen Reha nicht vertiefen konnte, arbeitete ich es in den Therapiesitzungen Zuhause auf, weil ich mich alleine dazu nicht in der Lage fühlte.

Geteiltes Leid ist halbes Leid

Noch jemand hatte mir während der Reha und danach sehr ge-holfen: Meine Frau, die ich während der Reha kennengelernt habe. Nun wird manch einer sich fragen, ob es gut gehen kann, wenn zwei Betroffene sich zusammentun, die beide Hilfe brau-chen, um mit ihren jeweiligen Problemen zurechtzukommen. In diesem Fall kann ich sagen: Ja. Es ist in jeder Hinsicht einfacher, sich mit jemandem zu diesem Thema auszutauschen, der selber davon betroffen ist.

Die Schwierigkeit bei der Auseinandersetzung mit diesem Thema im Alltag ist das soziale Umfeld. Die Burnout-Betroffenen sind mit ihren Problemen meist auf sich allein gestellt. So erging es mir mit meinen Bekannten und meiner damaligen Freundin. Die Herausforderung besteht darin, anderen, nicht betroffenen Menschen zu vermitteln, was mit einem selbst gerade passiert und was gesundheitlich nicht in Ordnung ist. Ein schwieriges Unterfangen, also lässt man es oft einfach bleiben. Wenn ich aber nicht über meine Krankheit spreche, mich nicht mitteile, wie könnten die Menschen um mich herum dann etwas damit anfangen, wie sollten sie mich verstehen?

Die Hintergründe, die zu meiner Erkrankung geführt hatten, meine Gefühle und mein Empfinden, bemerkte ja nur ich selber. Solange ich dies nicht zu erkennen gab, mein innerer Zustand von außen nicht sichtbar war, merkte niemand, wie es mir wirklich ging. Es war eigentlich auch recht einfach zu verstecken. Depression und Burnout sind keine Krankheiten, die äußerlich sofort erkennbar sind. Kommentare wie: „Ja das kenne ich, das hatte ich auch schon mal", sind hier nicht zu erwarten.

Was lange währt ...

Burnout ist auch keine Krankheit, die durch operative Eingriffe behoben werden kann. Hier sind viel Aufbauarbeit, Zuwendung, Einfühlungsvermögen, viel „archäologische" Grabungsarbeit in der Seele, viele Gespräche und vor allem viel Zuhören zu leisten. Eine Aufgabe, die nicht in wenigen Behandlungstagen und kurzen klinischen Aufenthalten zu leisten ist. Eine Aufgabe, die das Umfeld alleine nicht leisten kann.

Letztendlich sind die Betroffenen einerseits auf sich allein gestellt und benötigen andererseits Hilfe von außen. Ich hatte innerlich um Hilfe geschrien, aber zu zaghaft, und es hatte niemand bemerkt. Wie hätte mein Umfeld etwas wahrnehmen können, wenn mir selber die Ernsthaftigkeit meiner Krankheit nicht bewusst gewesen war, ich meine Probleme nicht artikulieren und mir darum keine Hilfe oder Unterstützung holen konnte?

Nach vorne schauen

Die wesentlichste Erkenntnis war für mich, dass ich die Krankheit ohne Hilfe von anderen Menschen nicht in den Griff bekommen würde. Die wichtigste Person auf meinem Weg war und ist meine Frau, mit der ich alles besprechen kann.

Wichtig bei diesen Gesprächen und Diskussionen ist, dass hier die Standpunkte ausgetauscht werden, Konsequenzen besprochen und Kompromisse gefunden werden. Wichtig ist es, für die Zukunft zu erkennen, was gut war und weitergeführt werden kann, was künftig verändert und was in Zukunft vermieden werden sollte.

Dies kann bedeuten, dass Beziehungen beendet werden, der Beruf, der Wohnort gewechselt wird oder Freunde aufgegeben werden. Es bedeutet auch, die Menschen einzubinden und mitzunehmen, die auch weiter wichtig sind: Ehepartner, Kinder, Familie, Freunde, denn ohne deren Unterstützung ist es sehr schwierig, einen gesunden Weg zu gehen.

Fazit

Für mich hat sich seit meiner Erkrankung einiges verändert. Am wichtigsten war die Erkenntnis, wirklich krank und doch selber derjenige zu sein, der etwas daran ändern kann. Meine vorherige Beziehung beendete ich, weil ich einen Stillstand bemerkte und keine Zukunft mehr sah. Dann setzte ich selber alle Hebel in Bewegung, damit es mir besser gehen konnte: Reha, Therapie, sich mit mir selbst beschäftigen.

Mich selbst zu analysieren und zu ändern war ohne Hilfe von außen nicht zu bewerkstelligen, da ich mich schnell wieder in alten Mustern befunden habe, ob nun aus Bequemlichkeit oder weil ich es nicht besser wusste.

Bewegung entlastet

Ich habe wieder gelernt, mit meinem Körper bewusster umzugehen. Mehr sportliche Aktivitäten als Ausgleich zu meinem Alltag bieten die Möglichkeit, Stress abzubauen und den Kopf frei zu bekommen. Dies ist eine der wichtigsten Erkenntnisse für mich, dass ich durch den sportlichen Ausgleich auch meine seelischen Belastungen vermindern kann.

Perspektiven

Eine weitere Veränderung sollte mein Leben entscheidend mit beeinflussen: Das Kennen- und Liebenlernen meiner jetzigen Frau, die mir die nötige Kraft, das Verständnis und vor allem die Liebe gibt, die so wichtig ist für den Umgang mit Krankheit und dem Gesundungsprozess. Dafür möchte ich dem wichtigsten Menschen in meinem Leben an dieser Stelle von Herzen danken.

Eine letzte Veränderung, die mich betroffen machte, aber auch eine große Erleichterung darstellte, war die Aufgabe meines Jobs. Diesen hätte ich nur fortsetzen können, wenn sich zwei Faktoren verändert hätten: zum einen ich mich selbst und zum anderen die Arbeitsbedingungen. Da mein Arbeitgeber diese Voraussetzungen jedoch nicht schaffen und ich mich nicht weiter verbiegen wollte, war der Zeitpunkt der Trennung gekommen.

Dadurch stehe ich nun vor weiteren Veränderungen: Die Suche nach neuen beruflichen Aufgaben und Herausforderungen sowie ein Umzug in die Heimat meiner Frau stehen bevor. Derzeit herrscht zwar viel Unruhe, aber diese Unruhe vermittelt ein gutes Gefühl. Ich werte die Veränderungen als einen Gewinn für meine gesundheitliche, familiäre und auch berufliche Zukunft mit viel positiver Perspektive. Es tut mir gut!

Bernd-Max Petersen, 48 Jahre, sucht nach einer neuen beruflichen Perspektive. Er schildert, wie er als Führungskraft im Rahmen von Umstrukturierungen nach der Übernahme seiner Firma durch einen Konzern seine Grenzen überschreiten und seine Ideale verraten musste, welche Konsequenzen dies hatte und wie er sich für ein bewussteres Leben entschied.

Wir brauchen nicht so fortzuleben,
wie wir gestern gelebt haben.
Macht euch von dieser Anschauung los,
und tausend Möglichkeiten
laden uns zu neuem Leben ein.

Christian Morgenstern

Cool down

In einer Welt voller Hektik und Stress braucht man ab und zu jemanden, der einem sagt: „Cool down – schalte mal einen Gang runter." Es gibt Begegnungen, die man ein Leben lang nicht vergisst, selbst wenn sie nur kurz sind. Den wenigsten von uns käme es jedoch in den Sinn, wegen einer solchen Erfahrung das ganze Leben auf den Kopf zu stellen. Doch genau dies habe ich getan.

Die Begegnung, die mein Leben veränderte

Vor zwölf Jahren machte ich mit einer Freundin Ferien in Australien, in Perth und Monkey Mia, einer wunderschönen Bucht, circa 500 Kilometer von Perth entfernt.

Auf einer Katamaran-Tour im offenen Meer fand ich mich plötzlich einer Schule von Delfinen gegenüber. Etwa 50 Tiere kamen auf uns zu, umkreisten uns und verschwanden wieder. Von diesem Moment an fühlte ich mich mit diesen wundervollen Geschöpfen verbunden.

Zurück in der Schweiz begann ich, mich ernsthaft mit meinem Dasein auseinanderzusetzen. Mir war bewusst, dass ich nicht das Leben führte, welches ich im Innersten meines Herzens leben wollte. Auch war ich damals nicht bereit, mein Leben umzukrempeln und für meine damalige große Liebe alles loszulassen.

Mein Kopf war mir ständig im Weg und ich überlegte mir dauernd, welche Konsequenzen zu erwarten wären, wenn ich dies und jenes tun würde. Meine Gedanken kreisten. Heute weiß ich: Gedanken sind wie Wolken, sie kommen und gehen wieder.

Vernunftentscheidung

Ich traf die Entscheidung, nicht nach San Diego zu gehen, um meiner großen Liebe zu folgen. Lieber wollte ich in Zürich bleiben und meinen sehr gut bezahlten Job im Personalwesen behalten, mit fünf Wochen Ferien, dem saftigen Jahres-End-Bonus und allem, was ein Management-Job mit sich bringt. Diese Entscheidung scheint wie ein Stein gewesen zu sein, den ich ins Wasser warf. Er zog immer mehr und immer größere Kreise – diese Kreise führten mich in das Burnout-Syndrom.

Doch der erste Schritt war getan, ich freute mich, die richtige Entscheidung getroffen zu haben, und machte weiter. In meinem sehr verantwortungsvollen Job hatte ich den Aufbau einer jungen Internet-Firma umgesetzt und habe alles gegeben. Manchmal zog sich die Rekrutierung von neuen Mitarbeitern bis um 23 Uhr. Es musste immer schnell gehen, weil wir die neuen Mitarbeiter so effizient und zeitsparend wie möglich finden wollten und diese sofort einstellten, wenn sie zu uns passten.

Dauernd Vollgas geht nicht

Drei Jahre machte ich dies mit, gab Vollgas. Dann kam der große Schock! Die Firma ging in Konkurs und wir verloren alle unseren gut bezahlten Job. Zeit für mich hatte ich mir seit Jahren nicht mehr genommen. Das Meer hatte ich mit dem trockenen Parkett internationaler Konferenzen und Meetings getauscht. Warum? Weil ich meinen Job liebte und immer mein Bestes gegeben hatte. Seit ich denken kann, war ich immer in front-orientierten Tätigkeiten unterwegs. Ich liebe Menschen, liebe es, zu kommunizieren und bin ein sehr extrovertierter Mensch. Reden und das Leben genießen, das war für mich immer das Größte.

Bis ich eines Tages bei meinen Freunden einfach zusammenbrach und nicht mehr aufstehen konnte. Ich habe nur noch geweint. Stundenlang. Die Ambulanz holte mich ab und brachte mich ins Spital. Diagnose: Schwermetallvergiftung – und Burnout. Die Vergiftung resultierte aus meinen vielen Amalgam-Füllungen in den Zähnen. Burnout war die Folge meiner jahrelangen internationalen Arbeitseinsätze aus purer Leidenschaft.

Zeit, die Bremse zu ziehen

Nun gönnte ich mir eine Auszeit und ging für drei Monate nach Australien, zu meinen geliebten Delfinen, dieses Mal zum Great Barrier Reef. Eine Freundin hatte mir angeboten, bei ihr in Cairns zu wohnen und das australische Leben zu führen. Was für ein Unterschied – die Australier wissen, was Leben bedeutet. Für mich eine ganz neue Erfahrung.

Nie werde ich vergessen, wie sich Micaela mit mir und ihren Hunden in einen kühlen Bach setzte und einfach das pure „Sein" genoss. „Und jetzt? Was soll das? Was machen wir hier eigentlich?", fragte ich sie. Ich konnte nicht verstehen, dass wir nun einfach so in einem kühlen Bach saßen und nichts taten! Nichts tun – das war ja schrecklich! Micaela sagte nur ganz cool zu mir: „Komm einfach mal runter, Rosy, und genieße dieses kühle Wasser. Der Tag wird noch heiß genug."

Einfach nur „Sein"

Die Zeit bei Micaela hat mir sehr gut getan. Ich habe das reine „Dasein" kennengelernt und lernte, in dem Moment zu leben. Mein Vorbild war die wertvolle, liebenswerte, warmherzige Micaela, welche damals bereits ihren Traum umgesetzt hatte und von der kalten, trüben Schweiz nach Australien ausgewandert war. „Just do it! Das Leben geht immer irgendwie weiter", hatte Micaela gesagt.

Nun war ich davon überzeugt, zum ersten Mal in meinem Leben, dass auch ich nach Australien auswandern wollte. Das waren meine Gedanken – auch mein Herz sagte ganz klar: „Geh für immer nach Australien, da wirst du glücklich werden. Die Wärme, das Meer, die Delfine – in Australien gibt es all das, was Du Dir so sehnlichst wünschst."

Die Pflicht ruft

Auf einer Wanderung durch den Regenwald in Cairns läutete plötzlich mein Handy, das ich immer dabei hatte. Mein Vater teilte mir mit, dass er und meine Mama im Spital seien und es ihnen nicht sehr gut gehe. Wann ich denn nach Hause käme?

Erneut nahm mein Lebensweg eine Wende. Anstatt nach Australien auszuwandern, kehrte ich für immer in die Schweiz zurück. Die Sorge um meine Eltern war größer als mein Lebenstraum. So blieb ich in Thalwil in meiner schönen Wohnung, bei meinen lieben Freunden und bei meiner innig verbundenen Familie. Über ein Jahr war ich ohne festen Job und wollte mich verändern, wusste aber nicht, was ich machen wollte. Mein Kopf machte sich einmal mehr wildeste Gedanken um die Zukunft, ich musste doch wieder gutes Geld verdienen.

Eine neue Chance

So kam ich an einen Job-Coaching-Kurs für Kaderleute und verbrachte einen Monat mit anderen Managern und Managerinnen. Eine sehr spannende Zeit. Als mich die Seminarleiterin dann fragte, ob ich mir vorstellen könne, als Job-Coach zu arbeiten, war mir klar, welche Chance sich hinter dieser Frage versteckte. So griff ich zu, ohne zu überlegen, denn das hatte ich ja in Cairns gelernt: Just do it, tu es einfach aus dem Moment heraus, und es wird immer irgendwie weitergehen!

Es ging weiter – ich hatte für die sechs kommenden Jahre meinen neuen Traumjob gefunden. Auch setzte ich mein eigenes Life-Design um und entschied mich, nur noch zu 80 Prozent als Seminarleiterin tätig zu werden. Einen Tag pro Woche wollte ich meiner kreativen Seite widmen, um nicht wieder in die Versuchung zu geraten, „nur" zu arbeiten und mich in diesem Hamsterrad von Montag früh bis Freitag spät zu drehen! Nur noch funktionieren, das wollte ich auf keinen Fall mehr.

Dauernd krank

Ich merkte schnell, dass ich bis jetzt nur kopflastige Tätigkeiten ausgeübt hatte. Mein Berufswunsch als Kind war Kindergärtnerin gewesen – hier hätte ich meine Kreativität ausleben können. Mit einer kaufmännischen Ausbildung und in den Jahren danach als Hotelfachfrau und Airline-Managerin im Personalwesen kam die kreative Ader nicht jedoch zum Zuge und schlummerte ein.

Meine Seele meldete sich immer heftiger – ich wurde vermehrt krank, war erkältet, hatte oft Halsschmerzen, Kopfschmerzen, Verdauungsprobleme – und ich war unglücklich. Aber warum? Dass irgendetwas in meinem Leben fehlte, konnte ich einfach nicht begreifen.

Aber was fehlte?

Immer wieder dachte ich, dass ich doch alles habe: einen Lebenspartner, eine coole Wohnung, einen verantwortungsvollen Job, viele Freunde, eine tolle Familie, also alles, was ich mir zu wünschen wage – aber ich war nicht glücklich! Da erinnerte ich mich, dass ich mich mit meiner kreativen Ader auseinander setzen wollte. Ich hatte als Kind doch gerne und oft gemalt. Auch in Australien hatte ich mir Zeit genommen, um zu malen. Die Farben faszinieren mich, ich arbeite gerne mit dem Pinsel und male gerne drauflos, ohne Ziel, ohne Idee, einfach mal loslegen, und sehen, was dabei raus kommt.

Also erkundigte ich mich nach der Möglichkeit zu malen. Eine gute Freundin von mir empfahl mir ein Center. Eine Freundin von ihr habe da eine Mal-Ausbildung gemacht. Kaum ausgesprochen, war ich schon im Internet und sah, dass es sich um die Ausbildung zur Maltherapeutin handelte. Mich interessierte aber das Malen an sich, nicht das Therapieren. So ging ich zum Info-Abend und erfuhr, dass es sich hier um eine interessante, ganzheitliche und spirituelle Ausbildung handelte. Jedoch war es wohl noch zu früh für mich und weitere zwei Jahre vergingen, bevor ich mich ernsthaft für diese kreative Weiterbildung interessierte.

Meinen vormaligen Traumjob hatte ich gekündigt, weil ich mehr verdienen wollte. Nun erhielt ich ein Topangebot für fünf Jahre, welches ich nicht ablehnen wollte, und kehrte wieder in das Personalwesen zurück.

Viel Geld, viel Stress, viele Reisen, regelmäßige Flüge nach Deutschland und Belgien, viele Meetings – ein „Déjà-vu", aber irgendwie habe ich wohl diese Erfahrung nochmals gebraucht, um endlich zu erwachen.

Konkurs

Aus den geplanten fünf Jahren wurden zwei Jahre, auch diese Firma ging in Konkurs und setzte uns auf die Straße. Da war ich nun in einem Dezember, ohne Job und ohne Idee, wie es weitergehen sollte. Wieder begann ich zu überlegen, aber ich kam selten zu einem Ergebnis. Mein Kopf war alles, was ich spürte. Mein Kopf war ja so wichtig. Immer machte ich das, was mein Kopf mir sagte, lebte mein Leben nach meinem Kopf. Und plötzlich merkte ich, dass ich so nicht weitermachen wollte. Ich wollte herausfinden, was ich mir wünsche. Was will ich wirklich? Und schon wieder spielte sich alles im Kopf ab. Hörte denn das nie auf?

Gedanken im Kopf   Gedanken im Kopf   Gedanken im Kopf
Gedanken im Kopf   Gedanken im Kopf
Gedanken im Kopf   Gedanken im Kopf   Gedanken im Kopf
Gedanken im Kopf   Gedanken im Kopf
Gedanken im Kopf   Gedanken im Kopf   Gedanken im Kopf
Gedanken im Kopf   Gedanken im Kopf
Gedanken im Kopf   Gedanken im Kopf   Gedanken im Kopf
Gedanken im Kopf   Gedanken im Kopf

Jetzt war ich endlich bereit für eine kreative Ausbildung und entschlossen, die Ausbildung zum Mal- und Kreativ-Coach zu beginnen.

„Was der Mensch Glück, Wohlbehagen, Gewinn nennt – alles, wonach er sich sehnt und was er sich wünscht, ist, Harmonie zu erlangen. Die Harmonie erwächst aus der Stille..."

Hazrat Inayat Khan

Schon wieder: Burnout

Die Zeit der bezahlten Freistellung von sechs Monaten habe ich sehr bewusst wahrgenommen, denn ich spürte bald, dass ich mitten in einem erneuten Burnout war. Der Burnout-Zyklus hatte mich wieder eingeholt. Hätte ich in den folgenden Jahren im internationalen Personalwesen weitergemacht, wer weiß, was da noch alles auf mich zugekommen wäre. Unbewusstes Weitermachen wie bisher, das ist wohl das größte Problem mit dem Burnout-Syndrom.

Gefährlich, denn ein Burnout kommt immer schleichend. Man merkt nicht, wenn es anfängt. Es sind ganz kleine Unebenheiten, die anfangs gar nicht auffallen: Müdigkeit, Erschöpfung, „Keine-Lust"-Stimmung, die Ruhe suchen, sich zurückziehen wollen, keinen großen Anteil am Alltag haben wollen, subtile Vernachlässigung eigener Bedürfnisse, innere Leere, Gefühl von Sinnlosigkeit, Depression, körperliche Symptome bis zur totalen Erschöpfung. Der Zusammenbruch ist dann schon längst vorprogrammiert. Nur erkennen wir es meist nicht aus dem Drang heraus, immer alles perfekt machen zu wollen. Perfekt zu funktionieren, so will es ja scheinbar das Umfeld. Also funktioniere ich – perfekt.

Wie soll es nur weitergehen?

Das Loslassen der Kopflastigkeit fiel mir schwer. Ständig machte ich mir Gedanken, wie es denn nun weitergehen sollte. Nach wie vor hatte ich mich im Networking engagiert und rannte von Event zu Event, von Workshop zu Workshop, immer mit dem Hintergedanken, ich könnte ja einen wertvollen, perfekten Kontakt finden, welcher mich wieder in einen gut bezahlten Job katapultieren könnte.

Was dann auch geschah: Verhandlung auf Verhandlung folgten, und ich merkte, dass ich im Innersten gar nicht bereit war für ein neues berufliches Engagement. Mir fehlte die nötige Kraft. Vor allem aber spürte ich, dass ich meinen eigenen Weg gehen wollte. Dass ich mit meinem eigenen Projekt durchstarten und mich nur noch im Life-Design und Veränderungsmanagement positionieren wollte. Alles andere schien mir nicht mehr wichtig zu sein. Die vorherrschende Oberflächlichkeit in der Wirtschaft, das ständige gewinnorientierte Denken machten mir schon seit vielen Jahren zu schaffen. Doch das Geld lockte mich auch und führte mich immer wieder in Versuchung, irgendeinen Human Resources Management Job anzunehmen – bis zu diesem Zeitpunkt.

Endlich normale Menschen

An einem schönen Juniabend gab es wieder einen Informations-Abend für Interessenten für die Ausbildung zum Mal- und Kreativ-Coach: spannende Menschen, sehr verschieden und bunt durchmischt. Wie immer im perfekten Business-Outfit, war mir bewusst, dass dies eine wichtige Begegnung werden könnte. Natürlich war ich wie eine Exotin, denn alle anderen waren einfach als Menschen anwesend, trugen keine Business-Kleidung und vor allem keine Business-Masken – das fiel mir sofort auf.

Kein Druck lastete auf mir, Stressfaktoren waren nicht vorhanden, kein einziges Handy läutete und wir Menschen sprachen real miteinander, nicht virtuell: Ich fühlte mich wohl. Seit einem Jahr besuche ich jeden zweiten Freitag die Ausbildung zum Mal- und Kreativ-Coach, mit dem Ziel, nach zwei Jahren die Qualifikation als Mal-Ateliersleiterin zu erhalten.

Nicht reich, aber glücklich

Meine Seele kann sich durch das Malen wieder ausdrücken. Sie erkennt das wirklich Wichtige im Leben – das Sein im Hier und Jetzt. Punkt. Es gibt nur das Jetzt. Punkt. Alles Planen und Denken ist pure Illusion. Das Malen hat mich wieder geerdet, durch das Malen habe ich zu mir selber gefunden. Der Mensch denkt, das Universum lenkt. Nun fühle ich mich so viel zufriedener, glücklicher und ausgeglichener als je zuvor. Meine Kopflastigkeit bin ich immer noch nicht losgeworden und arbeite täglich daran. Und es ist jeden Tag eine pure Herausforderung, das Jetzt zu leben und sich keine Gedanken um das Morgen zu machen. Das Morgen wird immer automatisch zum Jetzt. Es gibt nur das Jetzt.

Kopflastig

Es geht also doch nicht ohne Kopflastigkeit, oder? Die Frage ist also, wie ich „abschalten" kann. Gedanken zu haben und das Denken sind nicht falsch, sehr wichtig sogar. Jedoch müssen wir alle lernen, abzuschalten und vermehrt auf unsere Intuition zu hören. Auch die Sprache des Herzens sollten wir Menschen wieder vermehrt sprechen. Der einfachste Ausdruck des Glücks ist ein Lächeln, das von Herzen kommt.

Möglichkeiten, es sich mal so richtig gut gehen zu lassen, gibt es mindestens so viele, wie es Menschen gibt auf Erden. Nehmen Sie doch mal ein Buch, genießen Sie den Tag und gönnen Sie sich eine kreative Pause. Streben Sie nach den kleinen Augenblicken des Glücks, auch oder gerade wenn Sie meinen, dass Sie dazu eigentlich gar keine Zeit haben!

Für mich sind diese kreativen Pausen heute meine Burnout-Prävention – durch kreative Pausen habe ich es geschafft, meine Kopflastigkeit loszuwerden. Ich bin ruhiger geworden, gelassener und kann heute den Augenblick viel bewusster leben und vor allem genießen.

I did it my way

Haben Sie jemals von einem depressiven Delfin gehört? Delfine kennen keine Sorgen, sie schwimmen, jagen nach Nahrung und springen vor Freude einfach immer wieder aus dem Wasser. Auch ich höre auf meine Intuition, wenn ich meinen Weg gehen kann. Wie sagte Frank Sinatra: „I did it my way", oder Edith Piaf „Je ne regrette rien" – ich bereue nichts. Genau so geht es mir, ich habe es auf meine Art gemacht, bin immer meinen Weg gegangen und bereue keinen Schritt meines Weges bis heute. Mein Weg geht weiter und ich weiß noch nicht wohin, denn die Selbstständigkeit ist ein ständiges Abenteuer.

Was ich weiß, ist, dass wir eine sehr wertvolle Plattform gegründet haben, mit der wir vielen betroffenen Menschen Unterstützung geben können, wenn es darum geht, Stress zu regulieren und Burnout-Präventionsmaßnahmen zu fördern. Mit meiner Firma kann ich in Zukunft kreative Möglichkeiten anbieten, sich vom stressigen Alltag zu lösen und Zeit für sich selber zu finden. Wege, um Seelenbilder zu malen, kreativ zu sein und einfach mal den Kopf abzuschalten und nichts zu denken. Ich habe es geschafft! I did it may way!

Was Du suchst, ist nicht auf dem Gipfel der Berge

Es ist nicht in den Tiefen der Meere und nicht in den Straßen der Städte, es ist in Deinem Herzen. Nur wer auch mal andere Wege geht, kann seine persönlichen Ziele wirklich erreichen. Mit Lebensfreude und viel Mut geht dies am besten. Aber noch besser geht's mit der Erkenntnis, dass ein Leben im Hier und Jetzt erstrebenswert ist und dass die Kopflastigkeit wirklich einfach mal losgelassen werden kann.

Es bringt uns nicht um, wenn wir uns weniger Gedanken machen. Im Gegenteil, wir werden viel stärker, gesünder und glücklicher. Dies kann ich vor dem Hintergrund meiner eigenen Erfahrung bestätigen.

Heute, mit 48 Jahren bin ich sehr selten krank, habe fast nie Kopfschmerzen, kenne keine Schlaflosigkeit und nehme keine Medikamente zu mir. Auch Alkohol brauche ich nicht, um abzuschalten – obwohl ich natürlich gerne ein Gläschen Wein zum Genießen trinke. Was wir sind ist wichtig, wichtiger aber ist, wovon wir träumen und dass wir an unsere Träume glauben! Diese Botschaft nahm ich damals mit, als ich mit den Delfinen in Monkey Mia in Australien geschwommen bin. Diese Begegnung werde ich niemals vergessen, sie prägt mein Leben bis heute.

Mut tut gut

Die Entscheidung liegt bei uns – jeder von uns kann die richtige Entscheidung treffen, die ganz eigene, persönliche Entscheidung. Nur so führt ein Weg aus der alltäglichen Unzufriedenheit heraus. Zu viele Menschen verweilen im ständigen Jammertal. Es wird gejammert, was das Zeug hält. Die wenigsten sind bereit, etwas zu verändern, etwas dafür zu tun, dass ihr Gejammer aufhören kann. Persönlich habe ich mich vor zehn Jahren von allen Menschen in meinem Umfeld getrennt, welche im Jammertal verweilten. Ich habe für mich entschieden, dass ich mein Leben in einem sonnigen Tal verbringen möchte und bin täglich bereit, etwas dafür zu tun. Mut habe auch ich gebraucht, diesen einzigartigen Weg zu beschreiten, musste auch viel Risiko auf mich nehmen. Jedoch zeigte mir die Welt auf wunderbare Weise ein sonniges Tal, seit ich den Mut aufbrachte, meinen eigenen, individuellen Weg zu beschreiten.

Einzigartig sein

Ein wertvoller Freund, zu dem ich seit Jahren eine große Verbundenheit habe, bezeichnete mich als Revolutionärin – welch ein Kompliment! Und genau darum geht es: anders zu sein als alle anderen. Kein Massenmensch, sondern ein einzigartiger, großartiger Mensch zu werden. Diese Chance haben wir alle – packen wir diese Chance doch einfach an – haben wir mehr Mut zum Tun!

Entwickeln Sie Mut für Ihr eigenes Tun, und der Erfolg kommt von alleine. Dran bleiben ist ein weiteres Geheimnis. Geben Sie niemals auf und glauben Sie an sich und an die anderen. Tun Sie etwas für Ihren persönlichen Erfolg. Ich habe immer etwas für meinen persönlichen Erfolg getan, ich bin meiner Intuition gefolgt und habe mich meiner kreativen Seite vermehrt gewidmet.

Mit Erfolg – ich habe heute meine Kopflastigkeit im Griff. Losgeworden bin ich diese nicht, aber das ist ja auch gut so. Hoffentlich bleibt mir noch viel Zeit, um daran zu arbeiten.

Kopflastigkeit loswerden

Ich schaffte es, indem ich mir eine Auszeit gönnte, ein sogenanntes Time-out, einen Ausstieg auf Zeit. Denn: Wer träumt nicht davon, dem Arbeitsplatz den Rücken zu kehren, den Alltag für eine Weile hinter sich zu lassen? Wer ein Time-out plant, investiert in seine eigene Zukunft und in seine persönliche Weiterentwicklung. Unbezahlter Urlaub und Sabbaticals sind besser, als ein Zwangsurlaub durch die Diagnose Burnout.

Es kommt nicht drauf an, ob eine Weltreise geplant wird, ob ein Bildungsurlaub stattfindet, ob ein Sozialeinsatz ein Thema sein könnte – durch eine solche bewusst geplante Auszeit kann wieder neue Kraft und Energie getankt werden. Man kehrt gestärkt in den verrückten heutigen Alltag zurück. Für mich bewirkten die bewusst geplanten Sabbaticals jedesmal wirkliche Wunder. Wunder, von denen ich heute noch profitiere. Wunder, welche ich niemals vergessen werde.

„Happy landing" in Ihrem persönlichen Time-Out! Haben Sie Mut, trauen Sie sich, Ihr Leben neu zu gestalten, und ein Burnout wird auch bei Ihnen keine Chance haben!

Rosemary Vogel, 48 Jahre, Trainerin & Life Design Coach, wurde geprägt von einer ungewöhnlichen Begegnung. Sie fand über Umwege zu ihrer Inneren Bestimmung und zu einem kreativen Leben ohne Kopflastigkeit.

Man kann einen Menschen nichts lehren,
man kann ihm nur helfen,
es in sich selbst zu entdecken.

Galileo Galilei

Alles umsonst

Mein Chef wollte am Freitag mit mir zu Mittag essen. Schon lange hatte ich ein ungutes Gefühl. Heute war es soweit: Wieder einmal war ich an einem Punkt angelangt, an dem ich mich gezwungen fühlte, eine bestimmte Denk- und Vorgehensweise zu übernehmen, die für mich nicht funktionierte. Und wie schon so oft hatte ich versucht, mit „Ja-sagen" durchzukommen, obwohl ich anders empfand.

Auf dem Rückweg zu unserem Stand hörte ich: „Mario, wir wollen Dich behalten. Doch wenn Du unsere Einstellung nicht übernimmst, dann bist Du nicht der Richtige ..." In diesem Moment passierte irgendetwas in meinem Körper. Schlagartig fühlte ich mich miserabel, hatte überall Schmerzen und mir war schlecht. Wieder versuchte ich, mir alles schön zu reden, meine Gefühle zu unterdrücken, doch es funktionierte nicht mehr.

Chaos im Kopf

Mein ganzes Leben schien mir in diesem Augenblick völlig sinnlos.
Was hatte ich die ganzen Jahre gemacht? Mich abgerackert, alles
getan, was man von mir verlangte - und ich war richtig erfolgreich.
Jahrelang hatte ich große psychische Schwierigkeiten, von denen
keiner wusste - ich hatte sie überspielt. Wie viel Kraft hatte mich
der Kampf gegen die ständigen Selbstmordgedanken gekostet,
und trotzdem hatte ich es bis hierher geschafft.

Warum funktionierte es jetzt nicht mehr? Warum war ich an diesen
Punkt angelangt? Warum brach meine berufliche Welt zusammen,
obwohl ich den besten Umsatz aufgebaut hatte? All diese Fragen
schossen mir durch den Kopf. Ich musste mich zusammenreißen,
um nicht durchzudrehen, bewahrte Haltung und behielt die Kontrolle. Wenigstens das funktionierte – noch.

Den darauf folgenden Wochenbeginn werde ich nie vergessen.
Ein großer Aufbau in Kassel stand an, viele Termine warteten.
Alles tat mir weh und ich fühlte mich, als ob ich Gift geschluckt
hätte. Egal, weiter ... doch dieses Mal ging es irgendwie nicht.
So fuhr ich ins Hotel und wollte am nächsten Tag weitermachen.

Ich kann nicht mehr

Im Hotel brachen meine Gefühle aus mir heraus: Ich fing an zu
weinen und konnte nicht aufhören. Es ging mir so schlecht, dass
ich aus dem Fenster springen wollte, hier aus dem siebten Stock.
Meine Gedanken waren so dunkel und schwer, dass ich sie einfach nicht mehr ertragen wollte. Im letzten Moment konnte ich
meine Frau anrufen, die lange auf mich einredete, die mich an
meinen Sohn erinnerte. Das half mir, nicht durchzudrehen. Auch
der Gedanke an eine geplante Reise nach Irland, die Aussicht auf
Abstand, war eine willkommene Flucht.

Dann geschah etwas, das mich sehr nachdenklich stimmte. Auf
der Arbeit hatte ich plötzlich das Gefühl, dass das Licht ausgeht;
ich musste mich festhalten, um nicht umzufallen. Vor meinem
geistigen Auge sah ich einen Krankenwagen, viele Leute um mich
herum und Sanitäter, die mich ins Krankenhaus fuhren. Diese
Vision, die Vorstellung, die Kontrolle zu verlieren, war wie ein
Schock und hat vielleicht verhindert, dass es tatsächlich so weit
kam. Im Anschluss an die Reise wollte ich einen Arzt aufsuchen.

Burnout

Die Zeit in Irland war schrecklich: Ich fühlte mich wie ein Pulverfass, das jeden Moment explodieren kann. Nach außen musste ich mich zusammenreißen. In meinem Zimmer weinte ich ununterbrochen. Mich zu beherrschen war unmöglich.

In einem Buch las ich endlich schwarz auf weiß, dass ich wohl einen Burnout hatte. Alle dort beschriebenen Symptome erlebte ich täglich. Oft dachte ich, mich übergeben zu müssen, mir wurde heiß und kalt und mir lief der Schweiß den Rücken herunter. Mir war schlecht ...

Negative Gedanken

„Das kann nicht sein! Das geht nicht! Wie soll es weitergehen? Ich werde alles verlieren, bin erledigt! Was ist mit meinem Job? Was ist mit meiner Familie? Muss ich irgendwo hin, in die Klapsmühle?"

Mir schossen tausend Gedanken durch den Kopf, das Gedankenkarussell war schon lange nicht mehr zu stoppen. Oft hatte ich das Empfinden, ich müsse Amok laufen. Jeder Laut, jedes Geräusch fühlte sich an wie ein Messerstich, es tat so verdammt weh! Damit der Schmerz aufhörte, hielt ich mir die Ohren zu, drückte mit beiden Händen gegen meinen Kopf. Dann begannen die Selbstverurteilungen: „Du bist irre! Du bist ein Psychopath!"

Als wir dann nach Hause kamen, dachte ich jedoch, mir gehe es wieder besser. Ich versuchte einfach weiterzumachen wie bisher. Es folgte ein Tag mit geschäftlichen Terminen in Paderborn. Im Parkhaus angekommen, war ich klitschnass geschwitzt, obwohl ich nichts Anstrengendes getan hatte. Als ich aus dem Auto stieg, zitterte ich am ganzen Körper. Die Tränen zurückhalten, durchhalten: unmöglich! Als ich an einem Spiegel vorbeiging, erschrak ich vor mir selbst. Jetzt wusste ich: Es geht nicht mehr!

Ein Arzt muss her

Irgendwie habe ich noch zwei Besuche geschafft und fuhr dann zu einem Arzt nach Hannover, der mir schon einmal geholfen hatte. Doch er war nicht da. Immerhin erhielt ich von seiner Vertretung eine Krankmeldung und beschloss, meinen Hausarzt aufzusuchen. Der nahm sich viel Zeit für mich, hörte hin und hatte viel Verständnis. Ich bin ihm dankbar, dass er mich unterstützt und begleitet, mir immer wieder Mut gemacht und mich aufgebaut hat.

Nun ging es richtig los: Zunächst sollten mögliche körperliche Ursachen der Beschwerden ausgeschlossen werden. Ein kompletter Check wurde durchgeführt, wegen Bauchkrämpfen und Übelkeit sogar eine Magenspiegelung gemacht. Noch nie zuvor bin ich bei so vielen Ärzten gewesen. Immer wieder dachte ich an meinen Job: Was würde nur passieren, wie sollte ich das wieder hin bekommen?

Die Magenspiegelung bestätigte eine Magenschleimhautentzündung, die sich mit Medikamenten besserte. Mein übriges Befinden blieb unverändert. Ich war reizbar und explodierte ständig, sobald es zu Hause lauter wurde. Mein dreijähriger Sohn konnte das natürlich nicht verstehen. Meiner Frau wurde es auch langsam zu viel, da ich unberechenbar war.

Verordnete Auszeit

Jetzt sollte ich mir eine Auszeit nehmen. „Alle stehen voll und ganz hinter dir", sagte mein Chef. Nachdem ich länger krankgeschrieben wurde, rief er regelmäßig bei mir an, wollte wissen, wann ich wiederkommen würde und was ich denn wohl hätte? Nachdem mir klar geworden war, wie sehr meine Gesundheit gefährdet war, wusste ich, dass mir Arbeit für längere Zeit nicht möglich sein würde. Bei jedem Anruf hatte ich das Gefühl, mich rechtfertigen zu müssen. Wenn ich die Nummer meiner Firma im Display erkannte, wurde mir schlecht.

Zum Psychiater? Ich?

Mein Chef wünschte ein persönliches Gespräch, doch ich war nicht in der Lage dazu. Klar zu denken war unmöglich. Ich war durcheinander und fühlte mich wie unter Strom. Es war so schlimm, dass ich nur noch weg und niemanden mehr hören und sehen wollte. So fuhr ich zwei Wochen alleine an die Nordsee, um mich zu beruhigen. Doch auch dort war es ein täglicher Kampf, nicht durchzudrehen.

Wieder zu Hause angekommen, war ich unverändert genervt und reizbar. So konnte es nicht weitergehen, ich musste etwas tun. Aber was?

Mein Hausarzt erklärte mir, ich solle zu einem Psychiater gehen und ihm meine Symptome schildern. Zum Psychiater? Da gehe ich nicht hin, ich bin doch nicht irre. Es dauerte lange, mich mit dem Gedanken anzufreunden. Aus heutiger Sicht war es für mich eine der besten Entscheidungen meines Lebens.

Wenn der Damm bricht

Beim Psychiater erfuhr ich viel Verständnis und verstand endlich den Ernst der Lage. Er erklärte mir drei Phasen eines Burnout mit dem Bild von einem Staudamm. Das Wasser im Staudamm steht für unsere Energie und Kraft. Manche Menschen gehen zum Arzt, wenn sie merken, dass der Staudamm Wasser verliert. Andere kommen, wenn sie nur noch halb so viel leisten können, der Staudamm also schon lange Wasser verloren hat und vielleicht nur noch halb voll ist. Und dann gibt es Menschen, die gehen erst zum Arzt, wenn der Staudamm längst gebrochen und das Becken ausgetrocknet ist, wenn nichts mehr geht. Dies sei die Phase, die ich ihm beschrieben hätte. Das war ein Schock für mich.

Freud und Leid

Ich fühlte mich, als sei mein Akku völlig entladen. Jetzt musste ich herausfinden, was meinen Akku wieder aufladen oder den Staudamm füllen würde. Mir fehlte das Gespür dafür, was mir Freude machte und Spaß bereitete, denn solche Gefühle kannte ich nicht mehr!

Da sich mein Zustand nicht änderte, obwohl ich zu Hause war, riet mir mein Psychiater, eine Reha zu beantragen und in eine psychosomatische Klinik zu gehen. In eine Klinik? Bis jetzt hatte ich nur Horrorgeschichten gehört und wehrte mich zunächst dagegen. Doch wie sollte sich sonst etwas ändern? Das Gesetz von Ursache und Wirkung galt auch für mich: Um andere Ergebnisse im Leben zu erzielen, musste ich etwas verändern. Also willigte ich endlich ein und stellte den Antrag, der auch gleich genehmigt wurde.

Obwohl meine Firma mir anfangs Unterstützung zugesagt hatte, erhielt ich meine Kündigung. Über meine Rechtsschutzversicherung konnte ich noch eine Abfindung heraushandeln, mehr nicht. Es fühlte sich grausam an. Rückblickend war es gut so, ich wäre sonst nicht so schnell wieder auf die Beine gekommen. Allerdings sollte ich noch mehr „schlucken".

Medikamente im Gedankenurwald

Mein Psychiater empfahl mir Psychopharmaka. Eigentlich hatte ich mir geschworen, keine Medikamente zu nehmen. Sie machen abhängig, verändern die Persönlichkeit, stellen ruhig. Ich befürchtete, mit Tabletten nicht mehr ich selbst zu sein ... So viele Kompromisse war ich schon eingegangen – und jetzt auch noch das?

Der Arzt erklärte mir, Burnout werde begleitet von Depressionen, aus denen man schwer alleine herausfinde. Man könne sich bildlich vorstellen, dass im Gehirn ein Urwald sei, der von unseren Gedankenwegen durchzogen werde. Es gebe Wege für positive und für negative Gedanken. Im Fall des depressiven Denkens sei ein Weg wie zugewachsen und die Gedanken könnten nur noch in die negative Richtung gehen. Ein Medikament versperre nun gewissermaßen den negativen Weg und zwinge die Gedanken, wieder den positiven Weg zu nehmen. Genau so habe ich es erlebt. Mit Medikamenten war es für mich leichter, überhaupt positiv zu denken, was ohne Medikamente nicht möglich gewesen war. Positive Gefühle waren allerdings erst sehr viel später zu spüren.

Die Klinik

Dann kam der Tag, an dem ich in die Reha fuhr. Es war ein befremdendes Gefühl. Meine Frau und mein Sohn brachten mich zum Bahnhof, mein Sohn winkte mir in meinem Zug nach. Als Minuten später ein Zug aus der Richtung kam, in die er mich hatte fahren sehen, begann er zu strahlen und sagte zu meiner Frau: „Guck mal, Papa kommt schon wieder!" Es tat sehr weh, als ich das hörte.

Die Reha hat mir viel gebracht. Noch nie hatte ich so viel Zeit für mich und habe noch nie so viel über mein Leben nachgedacht. Ich war nicht allein, es gab andere Menschen mit ähnlichen Problemen. Es war schön, verstanden und ernst genommen zu werden. Niemand verurteilte mich, wenn ich nicht perfekt war. Ich hatte beschlossen, mir alles unvoreingenommen anzuhören, wenngleich vieles, was ich dort lernte, sehr weh tat. Für mich war es eines der wichtigsten und lehrreichsten Erlebnisse meines Lebens.

Den Aufenthalt habe ich als ein sechswöchiges „psychosomatisches Gesundheitscoaching" angesehen, als eine Art „all-inclusive-Urlaub" zur Persönlichkeitsentwicklung.

Besuch

Die Besuche meiner Frau und meines Sohnes waren schön und belastend zugleich. Mein Sohn war unausgeglichen und unkontrolliert, genau wie ich. Das machte mir zu schaffen. Wenn der Besuch zu Ende ging und er wieder nach Hause sollte, gab es Geschrei und Tränen. Seltsam daran war, dass ich über den Abschied nicht traurig war. Am liebsten wollte ich mit mir allein sein und endlich Lösungen für meine Probleme angehen. Es wirkte egoistisch, aber es war notwendig.

Hochsensibel

Wie befreiend es sein kann, in einer Gruppe zu sprechen und Anteilnahme zu bekommen, hätte ich nicht gedacht. Dann klärte sich ein weiterer wichtiger Aspekt in meinem Leben. Immer schon hatte ich das Gefühl, anders zu sein. Anders dahingehend, dass ich Dinge wahrnehme, die andere nicht wahrnehmen. Nun fand ich eine Erklärung dafür: Hochsensibilität.

Lange galt ich als „Frauenversteher", als „Weltverbesserer", und jetzt ergab das alles einen Sinn. Hochsensibel zu sein bedeutet, mehr wahrzunehmen als andere. Bildlich gesprochen nehmen etwa fünfzehn Prozent der Menschen die Welt mit mehr Pixeln wahr als andere. Das bedeutet, sie erfassen mehr Details, Facetten und Feinheiten. Entsprechend müssen sie mehr verarbeiten und das Gehirn muss mehr speichern. Das braucht wiederum mehr Zeit und Ruhe, dauert einfach länger.

Lernen lernen

Um all diese Informationen besser verstehen zu können, habe ich viel gelesen und wollte mir vieles selbst beibringen. Früher habe ich mir nie die Zeit genommen, es auch zu verarbeiten, die Informationen abzulegen, zu speichern, zu schauen, wo sie hingehören. Seit der Schulzeit habe ich Kopfwissen produziert, das ging schnell. Ich war einer der Besten in der Schule.

In Verbindung mit den Depressionen und dem Burnout funktionierte Kopfwissen alleine nicht mehr. Zwar wusste ich viel, aber es änderte sich nichts. Das Lernen musste ich lernen. Heute weiß ich, Lernen ist mehr als nur Kopfwissen.

Um etwas wirklich verinnerlichen zu können, werden Gefühle benötigt. Und genau dazu fehlte mir der Zugang.

Wenn ich wieder Kontakt zu meinen Gefühlen bekäme, müsste ich es geschafft haben. Diese Vorstellung wurde zu meiner Vision, die mich antrieb! Es war paradox: Auf der einen Seite war ich hochsensibel, auch in Bezug auf Empfindungen, Stimmungen und Gefühle anderer Menschen, und auf der anderen Seite lag hier mein Problem: ich spürte nichts mehr. Eine Trainerin sagte mir: „Unsere größte Stärke ist oft unsere größte Schwäche."

Gefühlswelten neu entdecken

In einem Vortrag über die Folgen von Burnout wurde verdeutlicht, dass die Verbindung vom Kopf zum Bauch verloren geht und es zu einer Trennung zwischen Denken und Fühlen kommt. Betroffene handeln irgendwann nur noch kopfgesteuert, rational und logisch, das Gefühl ist verschwunden. So war das bei mir. Mein Gefühl schien verloren, ich fühlte nichts mehr, keine Freude, kein Leid.

Mit Atemübungen oder Muskelentspannung trainierten wir, unseren Körper wieder bewusst wahrzunehmen. Natürlich war das ein längerer Prozess. Anfangs war die Ruhe unangenehm, war das genaue Gegenteil von dem, woran ich gewöhnt war. Und dagegen wehrte sich mein Körper.

Das Beste für mich war die Musik-Therapie. Was mit Musik alles möglich ist, welche Gefühle man damit auslösen kann, hatte ich nicht gewusst. Nach der ersten Stunde war mir wieder so schlecht, dass ich dachte, ich müsse mich übergeben. Emotional war ich aufgewühlt und brauchte eine Auszeit, um zu weinen. Es tat sehr gut - da waren endlich wieder Gefühle!

Wieder zurück in den Alltag

Langsam näherte sich mein Klinikaufenthalt dem Ende. Ein komisches Gefühl. Was würden die anderen jetzt über mich denken? Wie würde ich mit deren neuen Einschätzungen zurecht kommen? All dies ging mir durch den Kopf, denn die Klinik war nicht die reale Welt, sondern eine Art Glocke, unter der ich zurzeit lebte.

Zuhause, freuten sich alle, mich zu sehen, doch ich spürte auch ein Unbehagen, empfand sie als abwartend und vorsichtig mir gegenüber. Nur wenige hatten den Mut zu fragen, wie es mir ging, andere schwiegen lieber. Dementsprechend fühlte ich mich anfangs fremd unter meinen Bekannten und Freunden. Doch das legte sich recht bald. Ich berichtete von meinen Erlebnissen und die Stimmung lockerte schnell auf, weil ich offensichtlich „normal" geblieben war.

Begleitende Therapie

Mein Ziel war, meine Möglichkeiten und Grenzen neu auszuloten und meine Gefühlswelt weiter auszubauen. Dabei half mir eine Verhaltenstherapeutin, die ich wöchentlich oder vierzehntägig aufsuchte. Es tat gut, regelmäßig die Geschehnisse der Woche zu reflektieren. Der Satz: „Ich gehe zur Therapie", löste zunächst immer noch Unbehagen aus, doch ich gewöhnte mich daran.

Es war ein ständiges „Auf" und „Ab" mit meinem Gesundheitszustand. Die Zeit heilt alle Wunden. Es dauerte eine gefühlte Ewigkeit, bis sich etwas verbesserte. Immer wieder ging es mir schlecht, immer wieder verfiel ich in alte Denk- und Verhaltensweisen, immer wieder hatte ich depressive Gedanken, Schmerzen im ganzen Körper und ein großes Schlafbedürfnis.

Lange Zeit schien sich wenig zu bessern. Und das, obwohl ich nicht zur Arbeit ging, zu Hause war, jeden Tag nur machte, wozu ich Lust hatte (allerdings hatte ich oft zu nichts Lust), mir jeden Tag die Frage stellte, wie sich alles anfühlte, Tabletten nahm, zum Psychiater und Therapeuten ging, jeden Tag an mir arbeitete und mir viel mehr Ruhe gönnte. Das musste doch etwas bringen.

Die Therapeutin erklärte, es dauere seine Zeit, bis sich das über Jahrzehnte eingeübte Verhalten, die Gedanken und die Gefühle ändern. Und mit Druck, mit „müssen" ließe sich eine Besserung nicht erzwingen. Ich solle vertrauen und „dran bleiben". Es hat nach meinem Klinikaufenthalt sieben Monate gedauert, bis sich etwas änderte. Das gilt als rasche Besserung ...

Lichtblick

Bis dahin ging es mir mal gut und mal schlecht, in einer Woche sogar richtig mies. Dieses Mal ertrug ich es und kämpfte nicht dagegen an. Mein ganzes Leben hatte ich gekämpft. Nun wollte ich es anders machen und sagte mir: „Stimmt, es geht mir schlecht.

Das geht auch wieder vorbei." Daraufhin veränderte sich irgendet-was in meinem Körper. Ob es der Adrenalin- oder Cortisolspiegel war? Das wusste ich nicht. Mein Organismus hatte sich immer in Alarmbereitschaft befunden. Und genau das änderte sich auf ein-mal, es fühlte sich anders an. Endlich war ich ruhiger geworden. Endlich konnte ich wieder ein wenig Freude empfinden, rastete nicht mehr aus und die tiefe Traurigkeit war vorbei.

Energie durch Vitalstoffe

Seit kurzem nehme ich auch wieder Nahrungsergänzung. Bereits früher hatte ich damit gute Erfahrungen gemacht, sie dann aber einfach vergessen. Jetzt versorge ich mich regelmäßig unter an-derem mit einer Kombination verschiedener B-Vitamine. Und die Wirkung war wiederum verblüffend. Ich fühlte sofort ein Kribbeln, einen Energieschub, habe seitdem viel mehr Kraft, bin viel ausge-glichener und kann mich viel besser konzentrieren. Jetzt werde ich dabei bleiben, die Vitalstoffe nicht mehr vergessen.

Empfehlungen

Ich habe es geschafft und hoffe, dass sich die Besserung stabili-sieren kann. Nachfolgende Punkte als Empfehlung für Sie haben mir sehr geholfen, mein Denken und Verhalten zu ändern.

Hilfe suchen

Gehen Sie rechtzeitig zum Arzt und informieren Sie sich, wo Sie stehen. Sprechen Sie mit anderen Menschen darüber, wie es Ihnen geht, schlucken Sie Probleme nicht herunter. Wenden Sie sich an Freunde, Bekannte, ... es gibt viele verständnisvolle Menschen. Sie werden diese Menschen aber nur finden, wenn Sie den ersten Schritt machen. Wenn Sie die Möglichkeit haben, nehmen Sie sich eine Auszeit, um zu sich selbst zu finden. Nutzen Sie alle Hilfen, die unser System Ihnen zur Verfügung stellt.

Ruhe ist wichtig

Gönnen Sie sich ganz viel Ruhe, egal wie schwer Ihnen das zu-nächst fällt. Anfangs wird Ihr Körper wahrscheinlich gegen die Ruhe rebellieren, aber er muss „runterfahren", um zu regenerieren. Einfach nur draußen sitzen, spazieren gehen oder ein bisschen joggen: Das klärt die Gedanken.

Annehmen, was ist

Lernen Sie, einen Burnout zu akzeptieren und ihn anzunehmen–
Sie werden profitieren! Wenn Sie dagegen kämpfen, verlieren Sie
Energie und gewinnen: nichts!

Mediziner und Medizin

Suchen Sie sich Ärzte und Therapeuten, die Sie befragen können
und die Sie verstehen wollen. Vielleicht werden Sie vorüberge-
hend Medikamente benötigen. Nutzen Sie die Chance einer Reha.

Initiative ergreifen

Nur durch Ihr aktives Tun wird sich etwas verändern, nur wenn
Sie vorwärts gehen, kommen Sie voran. Besserung kommt nicht
von außen, dem Umfeld, den Therapeuten, dem System: Sie kommt
immer von innen, von Ihnen selbst.

Visionen und Ziele

Haben Sie eine Vision? Die (idealerweise schriftliche) Erarbeitung
einer Lebens-Vision gibt Ihrem Leben eine klare Ausrichtung. Sie
können sich entsprechende Ziele setzen, die Ihnen helfen, diese
Vision auch zu leben. Durch Ziele, die Sie dann erreichen, bauen
Sie Selbstvertrauen auf.

Kleine Schritte zum Erfolg

Viele Menschen haben große Ziele und wollen diese schnell erreichen – und scheitern. Einen ganzen Kuchen essen Sie auch
nicht auf einmal. Er wird in viele kleine Stücke geschnitten und
portionsweise gegessen. Mit Zielen funktioniert es genauso. Erarbeiten Sie sich Teil-Ziele, die Sie leicht erreichen können. Hilfreich
ist auch die Vorstellung eines Puzzles. Wenn Sie viele Einzelteile
zusammen- und aneinanderfügen, entsteht ein Ganzes.

Manche hoffen, alles im Leben funktioniere sofort. Doch ist auch
ein Puzzle erst dann fertig, wenn alle Teile am richtigen Platz
liegen. Wer große Ziele erreichen will, benötigt dafür Zeit und
muss bereit sein, stetig und dauerhaft aktiv zu sein und viele
kleine Schritte zu gehen.

Schönes wahrnehmen

Wissen Sie, was Sie mögen, was Ihnen gut tut, was Ihnen wichtig ist und was nicht? Positive Gefühle können nur entstehen, wenn Sie etwas positiv bewerten, es als gut, wichtig und schön ansehen. Die Kernfrage ist: Was fühlt sich für Sie gut an? Nehmen Sie sich jeden Tag ein wenig Zeit für die Suche nach schönen Dingen, dann werden sich Ihre Einstellung zum Leben und Ihre Gefühle verändern.

Stärken erkennen macht stark

In unserem Leben lernen wir viel über eigene Schwächen und Fehler, schauen auf das, was nicht funktioniert. Lernen Sie sich selbst, Ihre Stärken, Ihre positiven Eigenschaften zu schätzen. Überlegen Sie, was Ihnen an sich selbst gefällt, was Sie auszeichnet. Wenn Sie keine Antworten darauf finden, wird es höchste Zeit, sich darüber Gedanken zu machen! Beachtung bringt Verstärkung, im Negativen, wie im Positiven. Sie haben die Wahl!

Werte definieren

Ein Großteil der negativen Gefühle entsteht, weil Ihre inneren Werte von anderen Menschen missachtet werden oder weil Sie sie selber ignorieren, vielleicht sogar, weil sie Ihnen gar nicht bewusst sind. Was mir etwas wert ist, mir etwas bedeutet, kann für andere unbedeutend und nicht wichtig sein. Aber warum sollen wir auch alle gleich sein? Finden Sie heraus, welche Werte Ihnen wichtig sind.

Eine positive Einstellung

Jedes Ding hat zwei Seiten. An jedem negativen Ereignis ist auch etwas Positives. Oft fallen uns zuerst vermeintlich negative und nachteilige Aspekte auf, und nach positiven Seiten müssen wir bewusst suchen. Es ist eine Frage des Trainings, verstärkt auf die positiven Dinge im Leben zu achten! Falls Sie häufig grübeln: Grübeln Sie doch über etwas Positives! Nicht den schlechtestmöglichen Fall annehmen, sondern die beste Möglichkeit durchdenken!

Lösungen suchen und finden

Richten Sie Ihre Aufmerksamkeit auf Lösungen, nicht auf Probleme. Suchen Sie anstelle des Problems in einer Lösung die Lösung eines Problems.

Die Basis: Körperliche Gesundheit für eine stabile Seele

Manche Menschen setzen sich nur berufliche Ziele, die körperliche und seelische Gesundheit werden vergessen.

Mein Tipp: Sehen Sie Ihren Körper und Ihre Seele als Ihre besten Freunde an und behandeln Sie sie auch so. Bewirten Sie beide und versorgen Sie sie mit ausreichend Vitalstoffen und Inspiration. Bewegen Sie Körper und Geist, fordern Sie sie und gönnen Sie ihnen auch genügend Zeit zur Erholung.

Denken Sie daran:
Ihr Körper und Ihre Seele werden Sie Ihr Leben lang begleiten!

Mario Mevert ist verheiratet und hat einen Sohn. Er arbeitet als Coach und bietet Hilfe zur Selbsthilfe am Telefon. Sein Weg zu sich selber brachte ihn in Kontakt zu seinen Gefühlen und eröffnete ihm neue Quellen der inneren Kraft.

„Geh du voran," sagt die Seele zum Körper,
„auf mich hört er nicht."
„Ist in Ordnung," sagt der Körper,
„ich werde krank werden;
dann hat er Zeit für dich!"

Johann Wolfgang von Goethe

Burnout als Begleiter

Wann hatte es angefangen? Gar nicht so einfach zu sagen. Bereits in der Kindheit? Oder waren es spätere Erlebnisse? Der Begriff „Burnout" war früher unbekannt, und doch steckte ich mitten drin. Damals bekam ich immer noch die Kurve - wenngleich sehr knapp.

Meine Grundeinstellung ist positiv, für mich gibt es immer zwei Seiten im Leben: zu dunkel gehört hell, zu negativ gehört positiv. Und doch gab es viele Ursachen für meinen Weg in den Burnout. Der Prozess war schleichend und entwickelte sich über Jahre.

Ursache Nr.1: **Helfersyndrom** - Unfähigkeit, sich abzugrenzen

Was sich in meinem Leben schon früh herauskristallisierte: Ich war immer für alle da, fühlte mich für jeden verantwortlich.

Ursache Nr. 2: **Zerfall familiärer Bindungen**

So gingen die Jahre ins Land und ich habe gearbeitet wie eine Besessene ohne darüber nachzudenken. Ich musste ja funktionieren. Zehn Jahre war ich alleinerziehend.

Ursache Nr. 3: **Der eigene Perfektionismus**

Natürlich wollte ich schon immer perfekt sein:

Die perfekte Tochter meiner Eltern
Die perfekte große Schwester
Die perfekte Frau in der Arbeitswelt
Die perfekte Mutter

Ursache Nr. 4: **Mangelnde Anerkennung**

Jedoch blieben meine Bemühungen ohne Anerkennung, und ich habe nicht wahrgenommen, dass jemand auf mich stolz gewesen wäre.

Ursache Nr. 5: **Labiles Selbstwertgefühl**

Irgendwann fehlte es mir am Glauben, dass gut war, was ich tat. Dann habe ich einfach nur noch mechanisch „funktioniert".

Ursache Nr. 6: **Wirtschaftslage**

Es war ein ständiger Kampf ums Überleben für mich und meine Tochter. Schwäche, Krankheit oder Auszeit konnte ich mir nicht erlauben, ich hatte eine große Verantwortung für meine Tochter und mich. Für Urlaub hat das Geld gefehlt und ich bin in eine regelrechte Arbeitswut geraten.

Ursache Nr. 7: **Zu hohe Ziele**

Tagsüber habe ich in der Schule unterrichtet, abends arbeitete ich bis in die Nacht als Bedienung. Schulden meines damaligen Mannes mussten abbezahlt werden. Außerdem wohnte ich 300 Kilometer von meiner Herkunftsfamilie entfernt und wollte mir ein gebrauchtes Auto kaufen, um auch mal wieder auf Besuch dorthin fahren zu können.

Nach zehn Jahren als alleinerziehende Mutter – meine Tochter war damals 16 Jahre alt und mitten in der Pubertät – hatte ich einen lieben Mann kennen und lieben gelernt. „Jetzt wird alles gut, wird alles einfacher", dachte ich mir. Bis dahin hatte ich geglaubt, nach sieben mageren kämen die sieben fetten Jahre. Immerhin waren es mehr als sieben magere Jahre gewesen. Also sollten es auch mehr fette Jahre werden?

Es begannen auch sehr schöne Jahre in meinem Leben, nur konnte ich sie nicht in vollen Zügen genießen. Meine Arbeitswut blieb, die Arbeit machte ja auch Spaß. In den letzten 14 Jahren, die ich in einer Firma gearbeitet hatte, arbeitete ich doppelt so viel wie die männlichen Kollegen, um die gleiche Anerkennung zu bekommen. Erste Signale, dass etwas nicht stimmte, nahm ich noch nicht ernst.

Warnzeichen

Eines Tages im September bekam ich plötzlich beim Joggen einen Anfall mit Symptomen wie bei einem Herzinfarkt. Der Arzt fand jedoch keine organische Ursache, und ich dachte mir: „War halt eine kleine körperliche Schwäche." Ohne mir weiter Gedanken zu machen, konnte ich weiter arbeiten.

Im Dezember desselben Jahres meldete ich mich im Internet für ein Fernstudium zur Präventologin an. Das wollte ich ja schon länger mal in Angriff nehmen. Diese Ausbildung passte auch zu meiner aktuellen Tätigkeit in der Fußgesundheit als Medizinprodukteberaterin. Prävention und Gesundheitsförderung hörten sich gut an, die Ausbildung würde ich in Zukunft gut nutzen können.

Weiter wie immer

In meinem Job wollte ich alles perfekt gestalten, ich gab Verkaufsworkshops und organisierte mit meinen Kunden Aktionstage am Wochenende. Meine Firma hatte mir Zukunftsperspektiven versprochen. Nach circa drei Jahren doppelter Arbeitsbelastung für die Firma gab es eine Umstrukturierung. Ich kam in ein anderes Team mit neuen Vorgesetzten. Allerdings traf ich dort auf einen Außendienstkollegen, der mich schon längere Zeit gemobbt hatte. Die Chemie zwischen meinem neuen Vorgesetzten und mir stimmte nicht, mein Wunsch nach einem Wechsel in die Schulungsabteilung wurde abgewiesen.

Das war eine sehr harte Nuss, die es zu knacken galt. Meine Zukunftsperspektiven waren zerstört - ein wesentlicher Grund für meinen Zusammenbruch.

Alles ist so schwer

Im Februar des folgenden Jahres konnte ich frühmorgens nicht mehr aufstehen. Alles war so schwer, und ich schleppte mich nur noch von Tag zu Tag, von Stunde zu Stunde weiter. Zu diesem Zeitpunkt bekam ich die Unterrichtseinheiten meines Fernstudiums zum Thema Stress und den Phasen eines Burnout. Darin fand ich mich wieder. In jeder einzelnen Phase waren Symptome, die genau auf mich zutrafen.

„Selbsterkenntnis ist der erste Schritt zur Besserung", heißt es, und ich kann nur etwas ändern, wenn ich erkannt habe, wo ich stehe, was mit mir los ist. Sehe ich in der Veränderung einen Nutzen, dann werde ich auch aktiv.

Die einzelnen Phasen

Die Unterlagen des Studiums kamen gerade zur rechten Zeit. Nun war ich mein eigenes Lehrbeispiel.

1. Zwang, sich zu beweisen, besondere Begeisterungsfähigkeit für die Arbeit, erhöhte Erwartungen an sich selbst, Übersehen eigener Grenzen.

Das begann bei mir vor vielen Jahren: Stets engagiert, allzeit bereit, war ich mir für keine Aufgabe zu schade.

2. Verstärkter Einsatz, besondere Bereitschaft zur Übernahme von neuen Aufgaben, freiwillige Mehrarbeit, unbezahlte Überstunden, Gefühl von Unentbehrlichkeit.

Da ich mich für alles verantwortlich fühlte, glaubte ich natürlich auch, ohne mich gehe gar nichts.

3. Vernachlässigung eigener Bedürfnisse: „Ich habe keine Zeit". Chronische Vernachlässigung eigener Bedürfnisse, Mehrkonsum von Kaffee.

Gott sei Dank hatte ich kein Bedürfnis nach Aufputschmitteln, geraucht habe ich sowieso nicht. Meine eigenen Bedürfnisse hatte ich schon sehr, sehr lange vernachlässigt.

4. Verdrängung von Konflikten und Bedürfnissen, Fehlleistungen, wie zum Beispiel Termine vergessen, Ungenauigkeit, versprochene Arbeiten nicht erledigen, Deutliche Schlafstörungen, Unausgeschlafenheit, Energiemangel, Schwächegefühl, Aufgabe von Hobbys

Das Thema Mobbing hatte ich nicht an mich rangelassen, wollte dem Konflikt aus dem Weg gehen. Und für Hobbys war schon lange keine Zeit mehr.

5. Umdeutung von Werten, Abstumpfung und Aufmerksamkeitsstörungen, Meiden privater Kontakte, Belastung, Probleme mit dem Partner, Zeichen des Beziehungs-Burnout

Private Kontakte wurden immer mehr zu einer Belastung, in der Beziehung gab es kleinere Krisen für mich. Ob ich meinen Mann noch liebte oder nicht, konnte ich nicht mehr genau sagen.

6. Verstärkte Verleugnung von Problemen, Gefühl mangelnder Anerkennung, Desillusionierung, Widerstand, täglich zur Arbeit zu gehen, innere Kündigung, vermehrte Fehlzeiten, verspäteter Arbeitsbeginn, vorverlegter Arbeitsschluss

Meine Probleme verleugnete und verdrängte ich schon sehr lange. Keiner wusste darüber Bescheid, wie es in mir aussah. Manchmal fuhr ich einfach später zur Arbeit, oder fuhr auch mal früher nach Hause, mit einem extrem schlechten Gewissen.

7. Endgültiger Rückzug, Orientierungs- und Hoffnungslosigkeit, Ohnmachtsgefühle, innere Leere, Ersatzbefriedigung durch Essen, Alkohol, Drogen, Glücksspiele, Abbau der geistigen Leistungsfähigkeit, Ungenauigkeit, Desorganisation, Entscheidungsunfähigkeit, Psychosomatische Reaktionen wie Muskelverspannungen, Rückenschmerzen, Gewichtsveränderungen, Herzklopfen, Bluthochdruck

Die psychosomatischen Reaktionen wie Rückenschmerzen und Verspannungen im Hals-Nacken-Bereich hatte ich schon viele Jahre. Das Suchtverhalten äußerte sich vorher schon als eine Art Arbeitssucht.

8. Deutliche Verhaltensänderungen, Eigenbrödelei, Selbstmitleid, Einsamkeit, ärgerliche Reaktion auf gut gemeinte Zuwendung, verringerte Initiative, verringerte Produktivität, Dienst nach Vorschrift, Gleichgültigkeit, Gefühl der Sinnlosigkeit, wenig persönliche Anteilnahme an Anderen, gleichzeitig exzessive Bindung an Einzelne, Meiden beruflich-sozialer Kontakte

Am liebsten war ich alleine, wollte nichts mehr hören und sehen. Zur Arbeit fuhr ich nur, um überhaupt etwas zu tun, besuchte nur noch Kunden, zu denen ich gerne fuhr. Produktiv war ich schon lange nicht mehr. Es schien mir alles sinnlos zu sein, was ich machte. Anerkennung, ob im Job oder in meinem sozialen Umfeld, bekam ich ja sowieso nicht. Auch war ich zu müde, um viel in meinem Gebiet herumzufahren. Teamtreffen mit Kollegen waren ein Gräuel für mich.

9. Verlust des Gefühls für die eigene Persönlichkeit, Entfremdung, Gefühl des Abgestorbenseins und innere Leere, automatisches Funktionieren, psychosomatische Reaktionen treten mehr in den Vordergrund

Ich war nicht mehr ich selber. Alles tat mir weh. Mein Immunsystem ließ mich im Stich, jeden Monat hatte ich mindestens einmal eine Erkältung.

10. Innere Leere, Wechsel zwischen starken, schmerzlichen Emotionen und innerer Leere, Angstzustände, Panikattacken, Angst vor Menschen, Eigenbrödelei, Einsamkeit, negative Einstellung zum Leben, Kaufräusche, Fressattacken

Verlustängste und ein Gefühl der inneren Leere bewirkten, dass ich mich über gar nichts mehr freuen und auch nicht richtig traurig sein konnte. Die Urlaube, die ich mit meinem Mann erlebte, konnte ich nicht richtig genießen, da ich nichts dabei empfand. Keine Freude, keine Glücksmomente, kein Wohlbefinden – nichts.

11. Depression, Erschöpfung, negative Einstellung zum Leben, Hoffnungslosigkeit. Erschöpfung, starker Wunsch nach Dauerschlaf, Existenzielle Verzweiflung, Selbstmordgedanken und -absichten

Zum Schluss war ich sehr erschöpft und wollte nur noch schlafen.

12. Völlige Burnout-Erschöpfung, Lebensgefährliche geistige, körperliche und emotionale Erschöpfung, Angegriffenes Immunsystem, Herz-Kreislauf-Erkrankungen, Magen-Darm-Erkrankungen, Selbstmordgefahr

Als ich das las, griff ich zu meinem Telefonhörer und rief meinen Hausarzt an: „Herr Doktor, kennen Sie sich mit dem Burnout-Syndrom aus?" „Ja", sagte er. „Haben Sie eine Freundin, die Sie zu mir schicken möchten?" Ich erwiderte: „Nein, es betrifft mich selbst." Er antwortete: „Sie doch nicht, Frau Fuckerer!" Schnell bekam ich einen Termin.

Als er sah, wie sehr ich abgebaut hatte, schrieb er mich arbeitsunfähig. Er überwies mich zu einer Psychologin, um eine Reha zu beantragen. Zwei Monate nach dem Antrag bekam ich einen Platz in einer Reha-Klinik in Hessen. Von da an konzentrierte ich mich nur noch auf mich und meine Genesung, wollte ja wieder gesund und glücklich werden im Kreise meiner Familie.

Keine Perspektive mehr

Eigentlich hatte ich keinen Grund, unglücklich zu sein. Hatte einen liebevollen, treuen und fleißigen Mann, eine tolle, gesunde Tochter und ein süßes Enkelkind. Ein schönes Häuschen mit Garten, keine finanziellen Sorgen. Also wirklich keinen Grund, unglücklich zu sein. Doch warum verspürte ich dann kein Glücksgefühl? Waren es Depressionen? Ja, vielleicht; denn ich war einfach mental und körperlich erschöpft und unzufrieden mit mir selbst.

Die Arbeit war für mich plötzlich nicht mehr so wichtig, meine Zukunftsperspektive war ja nicht mehr da. So packte ich meine Sachen und fuhr zur Reha. Es waren sechs Wochen geplant. Mein Team-Chef dachte, spätestens acht Wochen später wäre ich wieder einsatzfähig. Er und einige Kollegen belächelten diese ganze Situation. Und ich wusste ja auch nicht, wie es laufen und was die Zukunft so alles bringen, wie schnell ich wieder gesund und die Alte sein würde.

Start in der Klinik

In der Klinik angekommen, bekam ich ein Zimmer, die ersten Termine und eine Psychotherapeutin zugewiesen. Viel reden mit ihr müsse ich ja nicht, dachte ich mir. Schließlich bin ich nicht geistig krank, sondern nur erschöpft. Was sollte ich bei einer Psychotherapeutin, ich hatte schließlich schon so viel im Leben allein durchgestanden und mit mir selbst ausgemacht.

Es war eine neue Erfahrung für mich. Plötzlich war jemand da, der mir zuhörte und an meinem Leben Anteil nahm. Das tat mir gut. So kam es, dass ich von Erlebnissen erzählte, die ich jahrzehntelang mit mir herumgetragen hatte. Viele Begebenheiten meines Lebens steckten in irgendeiner Schublade, statt aufgearbeitet zu sein.

Meine Therapeutin sagte: „Und das haben Sie alles so weggesteckt? Es ist ein Wunder, dass Sie trotzdem noch so positiv gestimmt sind."

Das war wohl auch das Geheimnis, warum es so viele Jahre gut gegangen ist. Meine Lebenslust, meine positive Lebenseinstellung und mein Humor hatten mir geholfen. Ich lache schon immer sehr gerne. Die Gespräche mit der kompetenten, netten Psychotherapeutin brachten mir sehr viel. Es gelang mir, mich immer mehr zu öffnen. Dadurch hatte ich die Chance, manches aufzuarbeiten beziehungsweise eine andere Sichtweise zu bekommen.

Ruhe? Wozu?

Mein Verordnungsplan schien mir im Vergleich zu dem meiner Mitpatienten zu wenig Bewegung zu enthalten. Dabei wollte ich doch endlich wieder mehr Sport machen, wenn ich jetzt schon mal Zeit hatte. Im Gegenteil: Hier sollte ich autogenes Training mitmachen. Und Gruppentherapie, das war für mich so gar nichts. In der Gruppe waren Personen, die schwerer erkrankt waren als ich, mit Panikattacken, Angstzuständen und schwersten Depressionen. Bin ich selber wirklich auch so schlecht dran? Dass ich Probleme hatte, hatte ich ja bemerkt, jedoch half mir meine positive Lebenseinstellung, die Dinge nicht so schlimm zu sehen.

In der Klinik gab es ein Schwimmbad, und ich konnte vor dem Frühstück schwimmen. In jeder freien Minute war ich mit dem Fahrrad unterwegs. Was bei mir zu kurz kam, waren Ruhe und Entspannung. Das war mein Problem: Ich konnte nicht still sitzen, als ob mich irgendetwas antreibt. Nun konnte ich meinen geliebten Sport ausüben, für den ich jahrelang keine Zeit mehr hatte. Im Nachhinein empfinde ich das als Weglaufen vor irgendetwas. Vor was, war die Frage, auf die ich keine Antwort wusste.

Unentbehrlich

Es ging so weit, dass ich mit meinem Firmen-Laptop heimlich in eine andere Klinik ging, die einen Aufenthaltsraum mit WLAN hatte. So konnte ich ab und zu meine geschäftlichen-E-Mails abrufen und nachsehen, ob etwas Wichtiges dabei war. So ein Riesenunsinn: Ich glaubte, ohne meine Anwesenheit laufe nichts. Klar lief der Laden weiter. Meine Unterlagen für mein Fernstudium zur Präventologin hatte ich ebenfalls dabei, denn während der Reha hätte ich ja Zeit zum Lernen. Dachte ich ... Auf alle Fälle hatte ich seit Beginn des Studiums bereits gewusst: Das ist mein Weg. Sobald ich die Unterlagen zur Hand nahm, fühlte ich mich wohl. Das wollte ich auch in der Reha nutzen.

Sechs Wochen Reha sind zu kurz

In der Klinik war es eine Berg- und Talfahrt der Empfindungen und Gefühle. Einerseits wünschte ich mir totale Stille, andererseits wollte ich so viel Sport wie möglich machen. Auch die Zeit zum Lernen wollte ich nutzen, sowie meinem Hobby, dem Malen nachgehen. Da wusste ich schon: Die sechs Wochen Reha werden zu kurz sein. Die Klinik bot außerdem so viele Möglichkeiten: Lach-Yoga, Salsa, Rumba, Merengue, Ausdruckstanz, Fantasiereisen, Qi-Gong. Das war alles freiwillig, zusätzlich zu den verordneten Therapien. In den ersten Wochen machte ich alles mit: regelrechter Freizeitstress.

Erste Warnung

Die erste Warnung bekam ich nach zwei Wochen. In der Bewegungstherapie knickte ich mit dem Fuß um und zerrte mir das Außenband am Sprunggelenk. Das hieß: Ruhe, kein Sport, keine Aktivitäten außerhalb der Klinik. Furchtbar. Also schaltete ich notgedrungen zurück und ließ das autogene Training über mich ergehen. Jedoch verspürte ich überhaupt keine Entspannung. Es war nur anstrengend, ebenso wie die Fantasiereisen oder Meditationen. Die einzige Entspannung erlebte ich mit Qi-Gong in der Frühe um sechs Uhr zum Sonnenaufgang. Oder morgens um sieben beim Schwimmen, alternativ (nachdem mein Fuß wieder belastbar war) beim gemütlichen Radeln an der Werra entlang in der Stille der Natur, bei Wasser und Sonne.

Heute weiß ich, dass es sogenannte „Bewegungsentspanner" gibt. Ich bin offensichtlich einer davon. Jeder sollte auf sein Gefühl achten und erspüren, was ihm gut tut. Es müssen nicht immer autogenes Training und Meditation sein, um zur Ruhe zu kommen. Es kann genauso progressive Muskelrelaxation nach Jacobsen, ein Spaziergang im Wald, Wandern in den Bergen oder auch Joggen sein. Da ist es ratsam, vieles auszuprobieren, um für sich das Beste zu finden.

Endlich wieder bewegen

Mein Fuß verheilte schnell und ich konnte wieder aktiver sein. Die Ärzte und Schwestern schüttelten den Kopf, weil ich immer noch so unter Strom stand. Vielleicht hätte ich den Mitpatienten etwas von meinem Tatendrang abgeben sollen. Manche wollten sich so gut wie gar nicht bewegen. Selber hetzte ich von einer Anwendung zur anderen, benutzte grundsätzlich keinen Aufzug, lief also ständig treppauf und treppab.

Bei den Gesprächen mit meiner Psychotherapeutin wurde diese Rastlosigkeit thematisiert. Es war im übertragenen Sinne ein Davonlaufen vor meiner Situation. Ich wollte mich dem zugrunde liegenden Problem nicht stellen. Jetzt musste ich mich daran gewöhnen und akzeptieren, dass sich mein Körper in einer totalen Erschöpfung befindet. Es ging nur Stück für Stück und langsam aus dieser Spirale wieder nach oben. Kaum zu glauben: Ich gab meinem Körper immer noch nicht die nötige Ruhe. Also wurde ich erneut dazu gezwungen.

Zweite Warnung

An einem Wochenende besuchte mich mein Mann. Es war wunderbares Wetter und wir machten eine Fahrradtour. Auf dem Rückweg passierte es dann. Eine kleine Unachtsamkeit von mir und ich stürzte, knallte mit dem Kopf auf den Boden und rutschte über den Asphalt. Zum Glück hatte ich den Fahrradhelm auf. Ich erlitt überall Schürfwunden, der Fuß und mein Kopf schmerzten. Eine Schwester versorgte die Wunden, mein Mann fuhr wieder nach Hause.

Nachts wurde es mir komisch. Ich hatte ein Flimmern vor den Augen, furchtbare Kopfschmerzen und Schwindel. Um niemanden zu stören, wartete ich bis zum nächsten Morgen und meldete mich im Schwesternzimmer. Anschließend ging alles ganz schnell, es wurde ein Krankenwagen geholt, ich durfte vom Bett nicht mehr aufstehen, wurde mit der Trage in den Krankenwagen geschoben und in die nächstliegende Klinik gebracht. Dort verbrachte ich einen Tag zur Beobachtung. Diagnostiziert wurden eine starke Gehirnerschütterung und eine Prellung am Fuß. Zum Glück kein Bruch - das hätte noch gefehlt. Von der Gehirnerschütterung erholte ich mich vollständig – Glück gehabt. So eine Verletzung kommt nicht von allein. Es war erneut der Ruf meines Körpers nach Ruhe und eine Warnung an mich, endlich etwas zu ändern.

Was will mir das alles sagen?

Von da an wurde ich zwangsläufig ruhiger und dachte über mein Leben und die Zukunft nach. Dass ich etwas ändern musste, war mir klar und ich wollte es ja auch. Nur wie und was, das war die große Frage. Job aufgeben? Das kam für mich nicht in Frage. So eine tolle Firma wollte ich nicht verlassen und lieber darum kämpfen, doch in die Akademie wechseln zu können oder in mein altes Team zurück zu kommen. In das letzte, neue Team würde ich nicht zurückkehren.

Nachdem ich diesen Entschluss für mich gefasst hatte, ging es mir wesentlich besser. Das Für und Wider dieser Entscheidung besprach ich mit meiner Therapeutin. Welchen Gegenwind hatte ich in der Firma möglicherweise zu erwarten? Das konnte natürlich niemand wissen. Mein Motto war immer: Besser eine schlechte Entscheidung als gar keine.

Erholung beginnt

Seitdem die Entscheidung getroffen war, begann ich auch, mich zu erholen und zu entschleunigen. Es gab Vorträge und Seminare zum Thema Stress. Wie gehe ich damit um? Wie verhalte ich mich bei Konflikten, die in Stresssituationen entstehen können? Nach sechs Wochen wurde ich auf eigenen Wunsch entlassen. Auf Anraten der Ärzte hätte ich die Reha um zwei Wochen verlängern sollen, fühlte mich jedoch ausreichend gestärkt und lehnte eine Verlängerung ab. Rückblickend wäre sie besser für mich gewesen.

Im Anschluss hatte mein Mann Urlaub für uns geplant: Zehn Tage in einem Wellness-Bio-Hotel in Österreich, sehr schön gelegen und ruhig. Dort fuhren wir viel Fahrrad, gingen Bergwandern und Schwimmen, ließen es uns so richtig gut gehen. Da konnten wir unsere Seele baumeln lassen. Es tat vor allem unserer Beziehung gut. Während der Zeit vor der Reha hatte ich sehr oft überlegt, mich von meinem Mann zu trennen. Ich wollte ihm meine Stimmungsschwankungen und die zunehmend depressive Haltung nicht länger antun. Oft kannte ich mich ja selbst nicht mehr. Mein Mann hatte meiner Meinung nach etwas Besseres verdient.

Er stand mir in der schwierigen Zeit zur Seite und versuchte alles, mir das Leben von der schönsten Seite zu zeigen. Nach dem Urlaub war ich noch immer nicht wieder hergestellt und wurde weiter krankgeschrieben. So hatte ich genug Zeit, mir Gedanken über mein weiteres Leben zu machen und darüber, wie es beruflich weitergehen sollte. Den Gedanken, nicht mehr für die Firma zu arbeiten, schob ich ganz weit weg.

Selbstunterstützung zu Hause

Nun suchte ich mir zuhause eine Psychotherapeutin, um meine Zukunftspläne mit einer unparteiischen Person besprechen zu können. Dank dieser Hilfestellung konnte ich die Situation aus einem ganz anderen Blickwinkel sehen. Mein Fernstudium entwickelte sich sehr gut, denn ich konnte mich endlich wieder konzentrieren. So plante ich, es in einem Jahr auch abzuschließen.

Seitens der Firma gab es weder ein Angebot zu einer Wiedereingliederung noch auch Rat durch einen fachkundigen Spezialisten, mit dem ich die anstehenden Änderungen hätte besprechen und der mir praktische Tipps hätte geben können.

Das bedeutete für mich: Selbst recherchieren, lesen, ausprobieren... Für mich war es zum Glück kein Problem, da ich bereits durch das Studium vieles dazu gelernt hatte und mich an den Schulungswochenenden vor Ort mit anderen Studierenden austauschen konnte.

Die Stimme als Instrument

So lernte ich im Studium die Stimmfrequenzanalyse zur Stressmessung kennen - ein geeignetes Diagnosesignal mit hohem Informationsgehalt, um Stress-Parameter beurteilen zu können. Nach der Aufnahme der Stimme erfolgt eine Frequenzanalyse. Hier werden auffällige Frequenzen und Frequenzbereiche entdeckt, welche die Grundlage für die Erstellung einer individuellen, persönlichen Antistress-CD bilden. Dieses Verfahren nutzte ich für mich, ließ eine persönliche CD erstellen und stimmte meinen persönlichen Maßnahmenplan ab.

1. Maßnahme: Antistress-CD

Meine persönliche CD hörte ich täglich ein bis zwei Mal je circa 14 Minuten lang. Nach einigen Wochen merkte ich bereits, dass ich viel ruhiger wurde. Endlich konnte ich sehr gut einschlafen und auch wieder durchschlafen. Ein Grund mehr, die Psychopharmaka nicht zu nehmen, die ich zum Leidwesen meiner Psychologin immer abgelehnt hatte. Meine Antistress-CD stabilisierte und korrigierte meinen entgleisten biologischen Rhythmus. Das führte mit der Zeit zur Wiederherstellung der körpereigenen Regulations-, und Leistungsfähigkeit und verringerte die Stressfolgen sehr effektiv.

2. Maßnahme: **Zehn Minuten Mittagsschlaf**

In der Mittagspause lernte ich, einen Kurzschlaf zu halten und hatte nicht mal ein schlechtes Gewissen dabei, denn ich war danach viel effektiver und viel frischer.

3. Maßnahme: **Soziale Kontakte**

Dann begann ich damit, mich wieder vermehrt mit Nachbarinnen zum Kaffeetrinken und Plaudern zu treffen. Das tat ebenfalls sehr gut, denn das hatte ich seit langem nicht mehr wahrgenommen.

4. Maßnahme: **Entspannungstechniken**

Durch eine Nachbarin lernte ich ein Studio kennen, das Pilates mit persischem Tanz kombiniert und außerdem Lach-Yoga und Hatha-Yoga anbietet. Hier probierte ich vieles aus. Ich wollte ja herausfinden, was mir Freude bereitet und mir gut tut. Das Lach-Yoga gefiel mir sehr gut. Wir hatten viel Spaß.

5. Maßnahme: **Durch Bewegung Energie tanken**

Bei schönem Wetter fuhr ich Rad oder ging Joggeln. Das Joggeln ist wie langsames Traben, wobei immer ein Fuß am Boden bleibt. Ich fuhr auch in die Berge zum Wandern. Die Berge sind für mich die besten Energiespender. Wenn ich auf einem Gipfel stehe, die Sonne scheint, egal ob Winter oder Sommer, kann ich ins Tal sehen oder die Gipfel der anderen Berge rundherum bestaunen. Dann geht es mir gut.

Zurück in den Beruf

Die lange Auszeit hatte mir gut getan und ich fühlte mich wieder fit genug, um im Oktober in meinen Job zurückzukehren. Meine Kunden freuten sich, dass jemand im Gebiet war, der sie besuchte und über Neuigkeiten informierte. Meinen neuen Lebensstil im Berufsalltag zu integrieren war für mich schwieriger als gedacht. Den Mittagsschlaf konnte ich gut einbauen, ich stellte mein Auto an einer stillen Ecke ab, schaltete das Handy aus und hatte meine Ruhe. Morgens fuhr ich ebenfalls nicht mehr so zeitig wie vor meiner Erkrankung los, ertappte mich aber dabei, dass das schlechte Gewissen sich wieder meldete.

Ruhe und Gelassenheit waren kaum einzuplanen. Einer der Kollegen machte mir die Arbeit durch Gemeinheiten schwer. Der Vorgesetzte zeigte kein Verständnis. So versuchte ich, mich so gut es ging von ihnen fernzuhalten. Das erwies sich als schwierig, da Teamarbeit im Gebiet unerlässlich war. Mit anderen Kollegen lief die Kommunikation sehr gut, da klappte die Zusammenarbeit.

Nichts anmerken lassen

Im November hatten wir eine große Kundenveranstaltung, auf der ich auch meine anderen Kollegen traf. Es hätte eine sehr schöne Veranstaltung sein können. Doch der besagte Kollege versuchte, mich bei anwesenden Kunden in ein schlechtes Licht zu rücken. So bat ich um ein Gespräch mit meinem direkten Vorgesetzten und Vertriebsleiter, in dessen Verlauf es zu einer lauten Auseinandersetzung kam.

Mein vermeintlich stabiles gesundheitliches Gerüst, das ich mir mühselig aufgebaut hatte, brach zusammen. Es ging mir schlechter als je zuvor, und ich merkte, dass es noch viel zu früh gewesen war, um Konflikten professionell zu begegnen.

Bei meinen Kunden und in meinem persönlichen Umfeld ließ ich mir nichts anmerken und verrichtete meine Arbeit so gut es ging. Dann erfuhr ich bei einem Kunden, dass der mobbende Kollege weiterhin Gerüchte über mich erzählte und über mich lachte. Mir war in dem Moment das Lachen vergangen und ich war am Boden zerstört.

So stieg ich in mein Auto und steuerte mit Vollgas einen Baum an: Ich wollte und konnte nicht mehr. Im letzten Moment wachte ich aus meinen Gedanken auf, riss das Steuer herum und brachte das Auto zum Stehen. Jetzt wusste ich, dass meine Zeit in diesem Team endgültig vorbei war. Es war es nicht wert, mein Leben zu zerstören.

Nie mehr in diesem Team

Ich fuhr zurück nach Hause, ging zu meinem Hausarzt und ließ mich erneut krankschreiben. Arbeiten konnte und wollte ich nicht. Nach zwei Monaten Arbeit war ich wieder zu Hause. Meine Firma bat ich darum, mich entweder in mein altes Team zurück oder für die Akademie arbeiten zu lassen.

Bis zu einer Entscheidung sollte ich zu meinem eigenen Schutz arbeitsunfähig bleiben.

Erneut begann ich, mich mit Entspannungsphasen und mentaler Arbeit ins Gleichgewicht zu bringen. Wöchentlich hatte ich eine Sitzung bei meiner Psychotherapeutin, die mir half, das Geschehene aufzuarbeiten. Jetzt konzentrierte ich mich auch auf das Studium und meine Prüfung als Präventologin. Im Studium ließ ich meine Stimme neu analysieren und bekam eine neue Antistress-CD, die mir wieder sehr gut half, ruhiger zu werden.

Erholung in den Bergen

Über Neujahr fuhren wir wie jedes Jahr zum Skifahren in unser altbekanntes, kleines Hotel. Wir kennen die Besitzer, das macht den Aufenthalt gemütlich und ruhig. Endlich konnte ich mich wieder erholen und vor allen Dingen lernen, die kleinen Freuden des Lebens wieder zu sehen. Die Berge, den Schnee, die Sonne und Kinder, die unbeschwert im Schnee spielten. So vergaß ich meine Arbeit und den Ärger. Im Februar schloss ich mein Studium ab. Von meiner Firma hatte ich noch nichts gehört.

Nun erstellte ich ein Konzept für die Betriebs-Prävention, um es meiner Firma vorzustellen. Aus meiner eigenen Erkrankung heraus vermutete ich einen Bedarf in dieser Firma. Doch: Es kam keine Reaktion. So wartete ich weiter ab, nutzte die Zeit des Abstands und überlegte, welche berufliche Alternative es für mich geben könnte. Es kam nur eine Selbstständigkeit in Betracht.

Kündigung und erste Schritte in die Selbstständigkeit

Im März bekam ich die Nachricht, ich solle zu einem Gespräch in die Firma kommen und freute mich darauf. Das Gespräch mit der Personalverantwortlichen war kurz: „Wir haben keine Verwendung für Sie und haben beschlossen, Ihnen zu kündigen." Es war bereits alles vorbereitet: der Aufhebungsvertrag, eine Abfindungssumme – ich sollte gleich unterschreiben. Diese Erwartung erfüllte ich nicht. Ich hörte alles an, nahm die Unterlagen an mich und informierte sie, dass ich diese an meinen Rechtsanwalt weiterleiten würde.

Wie in Trance machte ich mich auf den Heimweg. Viele Gedanken gingen mir im Kopf herum. Einerseits verspürte ich Erleichterung darüber, dass endlich eine Entscheidung getroffen worden war, andererseits war ich bitter enttäuscht. Als ich zu Hause ankam, wollte ich mich am Firmen-Laptop von meinen Kollegen und einigen Kunden verabschieden. Die Firma hatte mich jedoch bereits vom Firmennetz getrennt. Für mich war es ein Schlag ins Gesicht. Wie sollte es jetzt konkret weitergehen? Würde ich es mit meiner Selbstständigkeit schaffen?

Zukunftspläne und Selbstfürsorge

Der erste Schritt begann mit dem Weg zum Arbeitsamt. Meiner guten und netten Beraterin erklärte ich meine Situation. Sie sah im Computer nach, hatte gleich eine Stelle für mich und ich bekam sofort einen Vorstellungstermin. Dem zuständigen Herrn schilderte ich meine geplante Selbstständigkeit. Er wollte mich künftig möglicherweise als Dozentin buchen und behielt meine Unterlagen bei sich. Mit meiner Beraterin leitete ich meine Selbstständigkeit ein und musste mich nicht weiter bewerben.

Der zweite Schritt führte mich zum Rechtsanwalt. Wichtig war die ordentliche Kündigung, damit ich keine Sperre vom Arbeitslosengeld bekam. Sechs Monate Kündigungsfrist gaben mir genug Zeit, um mich neu zu orientieren.

Der dritte Schritt bestand aus der Planung: Was will ich konkret machen, welche finanziellen Unterstützungen gibt es für Existenzgründer? So begann ich, meine Fühler auszustrecken, ging zu einigen Veranstaltungen und begann zu netzwerken. Damit hatte ich gute Erfolge und lernte viele interessante Menschen kennen.

Bei all den Aktionen durfte ich vor lauter Enthusiasmus und Freude auf meinem neuen Weg die Selbstfürsorge nicht vergessen. Die Gespräche mit meiner Psychotherapeutin begleiteten mich weiter. Sie half mir dabei, immer wieder den Weg zu finden und konnte mich stärken, meine Grenzen zu erkennen. Meine Grenzen zu erkennen und privat oder beruflich „Nein" zu sagen, musste ich trainieren.

Ein neues Leben

Nun begann ich, meinen Lebensstil komplett zu überdenken und zu ändern, um geheilt und gestärkt in die Selbstständigkeit zu starten. Durchhalteparolen würden mir in Belastungssituationen gar nichts nutzen. Aktuell konnte ich mich nicht konzentrieren, konnte nicht denken, nicht gut arbeiten und schon gar nicht die Herausforderung meiner Selbstständigkeit meistern.

Was mich wieder ins Lot gebracht hat

Kurzschlaf am Mittag

Circa zehn Minuten, sogenannter „Powernap". Manchmal trank ich vorher Kaffee. Die Wirkung von Koffein setzt erst nach 30 Minuten ein, also konnte ich zur richtigen Zeit wieder fit sein.

Tiefe Atmung

Nicht umsonst heißt es bei Konflikten, Stress und Ärger. „Erstmal tief durchatmen." Das Schöne dabei ist, diese kurze Atemübung kann jeder wirklich überall durchführen. Einfach beim Einatmen bis sieben zählen und beim Ausatmen von sieben rückwärts zählen. So kann mental ein Gang zurückgeschaltet werden.

Gedanken-Stopp

Bei Grübeleien hilft die Vorstellung von den Gedanken als einem Zug, in dem die Notbremse gezogen wird. Wiederkehrende Gedanken kommen zum Stillstand. Gedankliche Kraft und Energie bekomme ich durch die Vorstellung, bei Sonnenschein auf einem hohen Berg zu stehen, umgeben von schneebedeckten Gipfeln. Danach kann ich meine Aufmerksamkeit auf die anstehende Aufgabe richten.

Stresstagebuch

Mit einem eigenen Stresstagebuch erkannte ich mehrere Stressfaktoren. Über drei Wochen untersuchte ich, welche Situationen, Personen oder Ereignisse bei mir Stress auslösten. Hing das Stressgefühl mit bestimmten Tageszeiten zusammen? Hatte ich Tageszeiten, zu denen ich besonders stressanfällig war? Wie äußerte sich meine Stressreaktion? So konnte ich mir bewusst machen, wie sehr ein Ereignis an mir zerrt. Ich lernte, meine damit verbundenen Gefühle einzuschätzen, indem ich mich fragte, wie stark ich den Stress empfand. Nun bekam ich endlich einen Überblick, welche Stressoren mich mehr oder weniger belasteten und ich konnte meine persönlichen Anti-Stress-Maßnahmen entwickeln und verfeinern.

So erstellte ich meine Tabelle für das Stresstagebuch:

Stressauslöser	Uhrzeit	Stressreaktion	Stärke (1-3)
Auf Zuruf sofort bereit, anderen zu helfen	Circa 15 Uhr	Ärgerlich, genervt	1

Maßnahmen-Plan gegen Stress

Für die Umsetzung entwarf ich einen Maßnahmen-Plan gegen Stress und suchte zunächst zwei leichte Stressauslöser heraus, später die stärkeren. Ich notierte, wie ich künftig anders reagieren wollte in Situationen, die mich zuvor belastet hatten. So bekam ich einen guten Überblick, was mir leicht fiel und woran ich mehr arbeiten musste.

Stressauslöser	Maßnahme	Datum	Bemerkung
Verfügbarkeit	„Nein"-Sagen	Sofort	

Die tägliche Herausforderung

Es ist ständige Arbeit, den eigenen Lebensstil so zu gestalten, um nicht wieder in das alte Verhaltensmuster zu fallen. Jetzt halte ich mir Zeit frei für mich, da habe ich ein Rendezvous mit mir selbst. Zum Beispiel ist die Zeit von 8 Uhr bis 10 Uhr an einem Tag in der Woche im Kalender blockiert für mein Frühschwimmen. Am Freitag um 18 Uhr ist Tai Chi angesagt. Für wichtige Aufgaben benötigte Zeit ist im Terminkalender blockiert. Um den Zeitbedarf realistisch einzuschätzen, zum Beispiel für die Vorbereitung meiner jetzigen Workshops, überlege ich nicht nur das Ziel, sondern auch den Weg dorthin.

Abschied von der Aufschieberitis

Unliebsame Aufgaben erledige ich sofort, ich lasse mich nicht mehr ablenken. Fällt mir eine Aufgabe schwer, dann fange ich schon mal für fünf Minuten an. Bin ich erst mal dabei, dann mache ich es auch fertig. Die Zeit für Internet, E-Mails und soziale Netzwerke wie Xing beschränke ich auf eine Stunde pro Tag.

Wartezeit genießen

Zuvor auf Effizienz trainiert, war jegliche Pause für mich vergeudete Zeit. Jetzt sehe ich es viel gelassener, genieße auch ein paar Minuten Wartezeit und nutze sie beispielsweise als Pause für meine tiefe Bauchatmung oder einfach „nur so".

Von Momo lernen

Mittlerweile habe ich gelernt, es zu akzeptieren, wenn ich mal etwas nicht schaffe und vielleicht auch einmal etwas verpasse. Sonst geht es mir am Ende so wie „Momo": Je mehr Zeit ich spare, desto weniger habe ich davon.

Manuela Fuckerer, 53 Jahre, Krankenschwester, Unterrichtskraft für Berufsfachschulen, Übungsleiterin für Herz-und Präventionssport, Medizinprodukteberaterin, geprüfte Präventologin, Expertin für Stimmfrequenzanalyse und Rhythmustherapie hat nach eigener Burnouterfahrung gelernt, sich den Herausforderungen des Lebens zu stellen, ohne auszubrennen.

*Das Wichtigste, was es über das Leben zu lernen gibt,
ist erstens: nichts zu tun, was man nicht tun möchte,
und zweitens: zu tun, was man tun möchte.*

Margret Anderson

Schlaflos

**Was ist nur mit mir los? Gelacht habe ich schon ganz lange
nicht mehr, bin müde, aggressiv und traurig. Kann keine
Menschen um mich herum ertragen. Am liebsten würde
ich im Bett bleiben, die Decke über den Kopf ziehen und
nur schlafen.**

Das geht aber auch nicht so richtig. Obwohl ich hundemüde bin,
fällt mir das Einschlafen so schwer. Wenn ich endlich schlafe,
werde ich um halb drei schon wieder wach. Die Gedanken rasen
durch meinen Kopf, mein Herz produziert immer wieder einen
Doppelschlag und scheint auch nicht in meiner Brust, sondern
unter der Schädeldecke zu schlagen. Still liege ich im Bett und
friere. Dabei fühle ich mich, als wäre ich 20 Kilometer gejoggt.
Gegen sechs Uhr schlafe ich wieder ein, muss aber um sieben
Uhr aufstehen.

Das geht fast jede Nacht so. Es ist eine Qual – wie überlebe ich nur diesen Tag? Daheim bleiben kann ich nicht, denn ich bin selbstständig.

Ich arbeite selbst und ständig, denn ich bin selbstständig

Firmen unterschiedlicher Branchen setzen mich als Assistentin in diversen Abteilungen oder in der Geschäftsleitung ein. Immer öfter bekomme ich Aufträge für Workshops, andere Assistentinnen wollen von mir lernen. Auch die Reorganisation chaotischer Büros zählt zu meinen Fähigkeiten und Aufgaben.

Es geht richtig gut, mein Business. Stammkunden buchen mich schon am Jahresanfang für die Urlaubs- und Fortbildungszeit. Dazwischen passen immer andere Aufträge. Das Networking lohnt sich, ich werde weiterempfohlen. Nur mit dem Urlaub sieht es nicht gut aus. Seit acht Jahren bin ich Unternehmerin. Freie Zeit, so etwas wie Urlaub, hatte ich seither insgesamt zehn Wochen. Aber das ist egal, wenn die Arbeit Spaß macht und Erfolge vorhanden sind. Dachte ich!

Es kommt immer anders

Vor drei Jahren arbeitete ich wieder einmal das ganze Jahr durch. Ein langes Wochenende in Rovinij an der Westküste Kroatiens war mein Jahresurlaub. Da gab es diesen Marathonauftrag bei einem Kunden: Angefangen hatte es mit einer Woche beim Vorsitzenden der Geschäftsführung in einem großen Unternehmen. Es folgten weitere Aufträge aus anderen Abteilungen, teilweise auch ganz plötzlich, etwa weil jemand für längere Zeit ins Krankenhaus musste. So war ich drei Monate lang jeweils von sieben bis 19 Uhr (ohne An- und Abfahrt) bei diesem Kunden. Im November habe ich bereits die Zähne zusammengebissen. Im Dezember folgte ein Einsatz über den Jahreswechsel hinaus. Dann aber wollte ich das neue Jahr mit einem langen Urlaub beginnen, das hatte ich mir wirklich verdient. Doch es sollte anders kommen.

Die Familie braucht mich

Ein Anruf meiner Mutter schockte die Familie: Verdacht auf Lungenkrebs, zufällig bei einer Röntgenaufnahme erkannt. Mein Bruder und ich sorgten dafür, dass sie schnellstens in eine Spezial-Klinik kam. Dann fing das Hoffen, Bangen und Fürchten an. Wie schlimm ist es? Gibt es schon Metastasen? Wie groß ist der Tumor? Kann man operieren? Wird Mama Vollnarkose und Operation in ihrem Alter gut überstehen?

Nach der Operation mussten wir das Ergebnis der Gewebeuntersuchung abwarten. War der Krebs „nur" der großzellige und nicht der bösartige kleinzellige Tumor? Braucht meine Mutter eine Chemotherapie und eine Bestrahlung? Das Warten auf Ergebnisse und die Ungewissheit waren schlimm.

Letztendlich ging alles gut. Die Operation verlief problemlos, es gab keine Metastasen. Eine Chemotherapie oder eine Bestrahlung waren nicht notwendig. Mama musste nur wieder aufgepäppelt werden. Nach drei Wochen Rehabilitation konnte sie nach Hause zurückkehren. Sie war wieder gesund, dafür ging es mir nicht gut. Ich war einfach fertig. Vier Monate, für meine Mutter gerne investiert, dabei ständig gehetzt zwischen Kunden, Krankenhaus und Reha, hatten meine Reserven aufgebraucht.

Und wieder keine Zeit für Erholung

Den erhofften Urlaub konnte ich wieder nicht antreten, der nächste Auftrag winkte. 40 Stunden pro Woche schienen für einige Monate eine sichere Sache zu sein. Die Gestaltung war so flexibel, dass ich meine anderen Aufträge zusätzlich abwickeln konnte. Viel Arbeit hat mir noch nie etwas ausgemacht, ich bin stark. Dachte ich. Es fing auch gut an. Das Büro, das ich schon von vorherigen Einsätzen kannte, war groß und schön und ich konnte es mit Bildern und Pflanzen selber gestalten. Die Kollegen kannte ich bereits, die meisten waren sehr nett. So fühlte ich mich gut aufgehoben. Drei Monate ging es gut. Die Arbeit war nicht besonders spannend, und ich genoss die stressfreie Zeit.

Mobbing und zusätzlicher Stress

Dann begann meine Kollegin, mich zu mobben. Sie sprach nicht mehr mit mir, kontrollierte meine Arbeit und kommunizierte nur noch über Zettel mit roten Kommentaren mit mir. Vier Monate ging es so, bis die Geschäftsführung einen Coach engagierte, der unsere Schwierigkeiten miteinander bearbeiten sollte. Wir waren der Firma diese Zeit und den Geldaufwand wert, das war ein gutes Zeichen. Nun hatten wir die Gelegenheit, mit einer Psychologin unser Problem zu lösen – oder es „professionell" unter den Teppich zu kehren. Im Nachhinein war es leider Letzteres. Die Kollegin war als Festangestellte immer auf der sicheren Seite. Selber befürchtete ich, rausgeschmissen zu werden.

Es ist mir nichts passiert. Ich hatte gute Arbeit geleistet und bei den anderen Kollegen war ich sehr beliebt. Nur stressig war es. Dazu kam, dass ich mich an dem Arbeitsplatz fast zu Tode gelangweilt hatte. Es gab keine Herausforderungen, keine Möglichkeit, weiter zu kommen. Wer wie ich unter Existenzängsten leidet, schätzt jedoch eine gewisse Kontinuität und einen zuverlässig zahlenden langjährigen Kunden – und nimmt Langeweile in Kauf.

Unsicherheit

Mich quälten Selbstzweifel, und ich hatte Schuldgefühle, weil ich bis dahin der Meinung gewesen war, so professionell zu sein, dass ich mit Konflikten, insbesondere mit einer jüngeren Kollegin, umgehen kann. Da hatte ich mich jedoch getäuscht Mit offen ausgetragenen Konflikten kann ich gut umgehen, bin aber hilflos und fassungslos, wenn jemand auf versteckte Art Krieg führt.

Vielleicht musste ich mit Ende 40 endlich begreifen, dass es auch negative Menschen gibt. Eigentlich will ich das nicht begreifen. Mein Leben lang gab es zwar immer wieder Personen, die mir das eindeutig bewiesen haben, aber ich glaube an das Gute im Menschen. Schließlich tue ich auch niemandem absichtlich weh. Wenn es doch unabsichtlich geschieht, dann kann ich mich zumindest entschuldigen. Ich bin ein Gutmensch und möchte auch so behandelt werden. Warum begreifen das nicht alle Menschen?

Bindungen

Privat hatte ich auch negative Menschen kennengelernt. Mit Männern hatte ich kein besonderes Glück. Oder lag es an mir? Da war zum Beispiel der Mann, der mit mir um die Welt segeln wollte. Der mir mehrmals am Tag geschrieben und mir gesagt hatte, dass er mich liebt und dass er mit mir dieses Abenteuer wagen wollte. Dieses hatte sich dann gemeinsam mit ihm in Luft aufgelöst.

Später begegnete ich meinem jetzigen Freund und begann, eine Wochenendbeziehung zu führen. München – Tirol. Grundsätzlich eine feine Geschichte, weil ich unter der Woche Zeit für die Arbeit und am Wochenende Zeit für die Liebe hatte, abgesehen von den Dingen, die man als Selbstständige noch bearbeiten muss, wie Buchhaltung, Networking, PR und Marketing, Konzepte ausarbeiten und mehr. Mein lieber Österreicher ist ein unruhiger Geist und einfallsreicher Mensch, der mich am Wochenende gerne bespaßen wollte – wodurch mir keine freie Minute für meine eigenen Bedürfnisse blieb.

Angst vor dem „Nein"

Was hatte ich da nur falsch gemacht? Das Gleiche wie immer? Ja, ich weiß, „Nein" zu sagen fällt mir schwer. „Nein" zu sagen zu den Kunden, weil ich Angst habe, dass sie dann nicht mehr anrufen, „Nein" zu sagen zu meinem Freund, dem ich am Wochenende meine Zeit und Aufmerksamkeit geben möchte, da ich sonst Angst habe, dass er mich verlässt. „Nein" zu sagen zu meinen Freundinnen, die meine Hilfe, Ratschläge und Trost brauchen, weil ich sonst Angst habe, dass sie mich nicht mehr mögen.

Was hingegen sehr gut funktionierte, war ein „Nein" zu mir selber, um mich und meine Bedürfnisse nicht ernst nehmen und darauf reagieren zu müssen ...

Angst ist für mich ein Thema: Existenzangst, Angst, verlassen oder nicht geliebt zu werden, Angst, zu versagen, Angst davor, morgen keine Kunden mehr zu haben. Angst, die Rechnungen, Miete, Steuern, Versicherungen nicht mehr zahlen zu können. Es laufen so viele Ängste herum, und alle fressen meine Energie.

Keine Zeit für mich

Dass es Entspannungsverfahren gibt, war an mir vorbei gegangen. Von den Techniken für Zwischendurch hatte ich keine Ahnung. Woher hätte ich sie auch kennen sollen, ich hatte ja keine Zeit, um mich schlau zu machen und im Internet zu recherchieren, was mir gut tun könnte. Oder was mit mir los war.

Niemand aus meinem Umfeld machte sich für oder um mich Gedanken. Viele wunderten sich nur, dass ich so „komisch" war, nicht mehr so fröhlich wie früher. Und dann riefen sie irgendwann nicht mehr an, weil ich mich nicht meldete und weil sich schließlich jeder in seinem Hamsterrad gefangen glaubt.

Früher hatte ich einen großen Freundeskreis, war oft unterwegs, hatte viel gearbeitet und gerne gefeiert. Meine sozialen Kontakte waren wichtig für mich – ich fühlte mich in einer Gemeinschaft geborgen und hatte viele schöne Erlebnisse mit anderen.

Vielleicht sind es nur die Wechseljahre

„Wahrscheinlich sind es nur die beginnenden Wechseljahre. Die kommen ja auch mit Depressionen und Kopfschmerzen daher", dachte ich. Die Gewichtszunahme von zehn Kilo in einem Jahr machte es mir nicht leichter. Meinen Körper mochte ich nicht mehr. Dabei aß ich gar nicht so viel.

Süßigkeiten brauchte ich allerdings täglich mehr. Sport machte ich nicht mehr. Wie auch? Vor Rückenschmerzen konnte ich mich nicht mehr bewegen, alles tat weh, und es wurde immer schlimmer. Die Kopfschmerzen wurden rasend, bei jeder Bewegung wurde mir schwindelig. Es war fürchterlich, ich wurde jeden Tag verzweifelter, heulte in jeder Situation. Oft wünschte ich mir, am nächsten Morgen nicht mehr aufzuwachen. Oder sehnte mich nach einem Menschen, der mich rettet.

Die Diagnose

Doch mein Retter war am Ende dann doch ich selbst: Mit letzter Energie machte ich mich auf die Suche nach einem Personaltrainer, der mir helfen sollte, die Rückenschmerzen loszuwerden. Sport erschien mir als beste Lösung. Meine Trainerin schickte mich zu einem Arzt, der eine Burnout-Diagnostik machte. Nach wenigen Wochen hatte ich die Bestätigung schwarz auf weiß, dass meine Stress-Hormone komplett aus dem Gleichgewicht waren und ich mich in einem Burnout-Zustand der Stufe zehn von zwölf möglichen Stufen befand.

Flucht in eine Festanstellung

Kurz darauf hatte ich mir einen neuen Job als Angestellte gesucht und gefunden und meinte, damit den geeigneten Weg zu beschreiten, um meine Existenzängste zu bekämpfen. So nahm ich die empfohlenen Vitamine, besuchte ein Sportstudio, bekam regelmäßig Physiotherapie, blieb acht Wochen krankgeschrieben zu Hause und freute mich auf meine neue Arbeitsstelle.

Nun würde alles gut werden. Im neuen Job musste ich einige Wochen in eine andere Stadt, um in der Zentrale eingearbeitet zu werden. Es stellte sich schnell heraus, dass ich in dieser Firma völlig fehl am Platze war und die neuen Kollegen, die neuen Aufgaben und die längere Abwesenheit von zu Hause für mich viel zu anstrengend waren. Es dauerte drei Monate, bis ich wieder in einem akuten Zustand des Burnouts war. Mir dämmerte, dass ich ohne therapeutische Hilfe nicht mehr auskommen würde, ob ich wollte oder nicht.

Ein Therapeut muss her

Also machte ich mich im Internet auf die Suche. Ein psychologischer Psychotherapeut und Mentalcoach hatte eine ansprechende Art und das für mich passende Konzept. Schnell bekam ich einen Termin, und schon nach einer Woche und einigen Gesprächen war ich beim ersten Viereinhalb-Tages-Seminar und lernte, wie ich mit meinen Aggressionen und anderen Gefühlen umgehen kann und welche Entspannungstechniken es gibt.

Mit professioneller Hilfe konnte ich erarbeiten, welche Bedürfnisse, Wünsche und Ziele ich eigentlich habe. So kam ich fast wie ein neuer Mensch nach Hause. Ich war glücklich und froh, endlich die Hilfe gefunden zu haben, die ich wirklich brauchte. Nun war mir klar, dass ich wieder einen neuen Job brauchte, auch wenn ich nicht genau wusste, welcher für mich der Richtige war.

Das Ich kennenlernen

Einige Wochen später machte ich ein weiteres Seminar und lernte mehr über mich, über meine wirkliche Kraft – und über meine Kraftfresser. Und dann war es plötzlich so, als könnte ich rein mental Berge versetzen. Sehr schnell war ich mir sicher, wieder selbstständig werden zu wollen. Nicht die Selbstständigkeit war mein Problem, sondern die falsche Einstellung dazu und zu meiner Umwelt und die fehlende Kraft, um mich abzugrenzen.

Viel zu lange habe ich nicht erkannt und gewusst, welche Kraftfresser mich umgeben und was ich dagegen tun kann. Nun weiß ich es und ich weiß auch, wie ich jeden Tag bewusst mit mir umgehen kann. Es ist immer noch möglich, wieder in diesen Erschöpfungszustand zu geraten. Darum ist es mir wichtig, die Entspannungsmethoden zu üben und immer auf die innere Stimme zu hören.

Es ist ein Lernprozess, der seine Zeit braucht. Schließlich habe ich über 40 Jahre gebraucht um zu erfahren, was ich für ein Mensch bin und welche Bedürfnisse ich wirklich habe.

Menschen, denen ich etwas wert bin, unterstützen mich

Heute lasse ich mich nicht mehr gängeln, sondern weiß, was ich kann. Ich bin es mir wert, auch einmal „Nein" zu sagen. Meine Freunde lieben mich auch mit Fehlern, ich muss nicht mehr die Schönste, Beste und Schnellste sein. Wenn sie mich nicht mögen, wie ich bin, dann sind es nicht meine Freunde – und fallen in das Entschlackungsprogramm. Lieber habe ich einen echten Freund als viele falsche.

Ein positiver Mensch war ich schon immer, auch wenn ich es für ein paar Jahre nicht mehr so spüren konnte. Nun aber gehe ich wieder mit einer positiven Einstellung durchs Leben, das ich in allen Bereichen nach meinen Bedürfnissen gestalte.

Alle lieben Menschen um mich herum haben dies akzeptiert und unterstützen mich. Beruflich habe ich den Job, der zu mir passt und der mir Spaß macht. Mein Freund plant die freie Zeit gemeinsam mit mir und nimmt ausreichend Rücksicht auf mich.

Im Urlaub war ich inzwischen auch! Trotz des neuen Jobs habe ich Zeit für Hobbies. Das Leben ist wieder schön. Auch den Sport habe ich nicht vernachlässigt, ich gehe mindestens einmal pro Woche in mein Studio und genieße das sehr. Die Rückenschmerzen sind weg, und mein Gewicht geht langsam zurück. Gut, dass es das Internet gibt, sonst hätte ich weder meine Trainerin und ihr Team, noch den Arzt oder den Mentalcoach gefunden. Und gut, dass es meinen Freund gibt, der mich so liebevoll unterstützt!

Lisa Traupe ist das Pseudonym der Autorin dieses Berichts. Sie ist 48 Jahre alt, lebt in fester Partnerschaft und arbeitet auf selbstständiger Basis. Sie beschreibt, wie sie immer allen alles recht machen wollte, bis sie die Freude am Leben und endlich auch sich selbst entdeckte.

Bensch, Robert | Lifebiz

Life & Business Coach | Seminare
Burnout-Prävention | Kommunikation | Soziale Kompetenz

D-13583 Berlin

Telefon: +49 (0) 30 - 85 97 05 - 01

E-Mail: info@lifebiz.de
Internet: www.lifebiz.de

Um Burnout und psychosomatischen Erkrankungen nachhaltig vorzubeugen, vermitteln wir Techniken für Selbstbehauptung und innere Zufriedenheit. Regelmäßige kostenlose Gruppentreffen nach dem Seminar sorgen für Rückhalt.

Lange, Dirk-Oliver | LifeB Consulting

Life Balance Coaching international | Erschöpfung bis Burnout | Coaching Aus- und Weiterbildungen

D-22303 Hamburg

Telefon: +49 (0) 40 - 76 39 37 49

E-Mail: info@lifeb.de
Internet: www.lifeb.de

Mit der Entwicklung der Coaching Methode „LifeB-4-Säulen-Programm" seit mehr als 10 Jahren als Coach spezialisiert auf Erschöpfungszustände, Stress, Ängste, Depression, Burnout oder Boreout. Bekannt als Referent, Seminarleiter, Autor.

Harbs, Daniel | Sportmedicum

FA für Allgemeinmedizin | Stressmedizin | Sportmedizin
Medizinischer Leiter des Burnout-Zentrum e.V.

D-22767 Hamburg

Telefon: +49 (0) 40 - 431 79 59 80

E-Mail: info@sportmedicum.eu
Internet: www.sportmedicum.eu

Das Sportmedicum steht für eine fundierte ärztliche Diagnostik der Stresshormone, des Mikronährstoffhaushalts und der Herzratenvariabilität. Therapie: Bewegungstherapie, Ernährung, Vitamine/Mineralien, Biofeedback, Akupunktur.

Wilms, Ralf

Systemischer Businesscoach | Fachberater Burnout-Coaching
Berufliche Neuorientierung | Krisenintervention

D-25421 Pinneberg

Telefon: +49 (0) 4101 - 836 43 63

E-Mail: info@zukunftsperspektiven-wilms.de
Internet: www.zukunftsperspektiven-wilms.de

Einzel- und Gruppencoachings (auch für Firmen) mit dem Schwerpunkt Burnout
(Prävention und Nachsorge) sowie in Wende- und Krisenzeiten und bei beruflicher
Neuorientierung.

Mevert, Mario

Coaching (auch telefonisch) | Seminare
Burnout-Hilfe | Burnout-Prävention | Gesundheitsförderung

D-31683 Obernkirchen

Telefon: +49 (0) 176 - 42 05 56 84

E-Mail: info@burnout-hilfe.tv
Internet: www.burnout-hilfe.tv

Hilfe zur Selbsthilfe. Coaching und Beratungen, insbesondere am Telefon, zu den
Themen Burnout, psychische Gesundheit und Wohlbefinden, auch in Unternehmen.

Brodde, Silvia | Vital Plus

Geprüfte Präventologin®

D-38106 Braunschweig

Telefon: +49 (0) 531 - 28 76 96 22

E-Mail: post@vitalpluscoach.de
Internet: www.vitalpluscoach.de

Stressreduzierung beugt Burnout vor, steigert Lebensqualität und Leistung. Erleben
Sie Ihre neue Vitalität in Beruf, Sport, Schule und Alltag. Lassen Sie uns gemeinsam Ihr „Stresspolster" aufbauen. Als Coach begleite und unterstütze ich Sie.

Schulte-Kump, Daniel

Diplom Sportwissenschaftler
Personaltraining | Ernährungsberatung | Gesundheitsförderung

D-44329 Dortmund

Mobil: +49 (0) 179 - 4 53 41 21

E-Mail: mail@aliasports.com
Internet: www.aliasports.com

Als Personal Trainer und Referent im Gesundheitswesen gebe ich mein Wissen und meine eigenen Erfahrungen an andere Menschen weiter. Für eine individuelle Beratung (nicht nur) in schwierigen Situationen stehe ich Ihnen gerne zur Verfügung.

Breuer-Stern, Doris

Stern-Training | Stern-Seminarhaus -
Trainerin | Beraterin | Lern-Begleiterin | Coach

D-48734 Reken

Telefon: +49 (0) 2864 - 55 44

E-Mail: info@stern-training.de
Internet: www.stern-training.de | www.stern-seminarhaus.de

Sie stecken in einer Krise? Ihre Gedanken drehen sich im Kreis? Sie sind ausgepowert? Holen Sie sich professionelle Unterstützung - möglichst zeitnah. Lebendige, kreative Lern-Methoden begleiten Sie auf Ihrem Lern-Weg.

Krehan, Marina | Im Kern gesund

Gesundheitscoach | Mediatorin | Physiotherapeutin
Psychosozialer Coach | Kommunikationstrainerin

D-50935 Köln

Telefon: +49 (0) 177 - 868 15 08

E-Mail: info@marinakrehan.com
Internet: www.marinakrehan.com

Burnout-Coaching für Privatpersonen, Familien und Unternehmen. Ganzheitliches Konzept: 1. Prävention, 2. Begleitung & Mediation bei Erkrankung, 3. Wiedereingliederung und nachhaltiges Gesundheitsmanagement.

Dr. phil. nat. **Rose, Olaf**

Heilpraktiker | Diplom Biologe
Bioresonanz | Homöopathie

D-60323 Frankfurt am Main

Telefon: +49 (0) 69 - 59 79 94 49

E-Mail: praxis@heilpraktiker-rose.de
Internet: www.heilpraktiker-rose.de

Im Körper sind alle Systeme miteinander vernetzt. Änderungen in einem System haben immer Änderungen in den anderen Systemen zur Folge. Die Anamnese zeigt das Krankheit verursachende System und das therapeutisch zugängliche System.

m.o.r.e.Phi® Coaching Akademie GbR

Aus- und Weiterbildungen | Systemisches Projekt-Management
Diplomierte Systemische, Mental- und Patienten-Coachs

D-61250 Usingen

Telefon: +49 (0) 6081 - 44 59 39

E-Mail: info@morephi-akademie.de
Internet: www.morephi-akademie.de

Menschen ohne Ratschlag entwickeln – der Leitgedanke der m.o.r.e.Phi® Coaching Akademie. Alle Ausbildungen enthalten als Kernthema Burnout und Boreout. Alle DozentInnen der Akademie bieten auch Einzel- und Gruppen-Coachings an.

Knoll, Ulla

Seminarleiterin & Coach
IVR Knoll

D-63594 Hasselroth (Frankfurt)

Telefon: +49 (0) 6055 - 93 74 12

E-Mail: info@ivrknoll.com
Internet: www.ivrknoll.com

Höhen und Tiefen in meinem Leben haben mich zu einer radikalen Veränderung meiner Lebens- und Denkweise geführt. In meiner Zen-Ausbildung habe ich gelernt, das Leben anzunehmen, so wie es kommt, und loszulassen, was vorbei ist.

Dr. med. **Weber, Winfried**

Zentrum für Burnout-Erkrankungen,
Befindlichkeit und Stressmanagement

D-64283 Darmstadt

Telefon: +49 (0) 6151 - 428 99 31

Internet: www.zentrum-burnout.de

In unserem ärztlichen Zentrum stehen Sie als Patient mit Ihren individuellen
gesundheitlichen Fragen im Mittelpunkt!

Oehme-Gruppenbacher, Petra

Coaching und Kinesiologie

D-64289 Darmstadt

Telefon: +49 (0) 6151 - 787 51 06

E-Mail: info@pog-coaching.de
Internet: www.pog-coaching.de

Sie sind Einzelkämpfer? Sie fühlen sich erschöpft? Sie haben sich von sich selbst
entfernt? POG-Coaching bietet Ihnen schnelle und effektive Hilfe für Ihre Regeneration und ganzheitliche Gesundheit – mit modernsten Methoden und Einfühlsamkeit.

Girg, Daniela

Heilpraktikerin für Psychotherapie
Praxis für ganzheitliches Stressmanagement

D-65719 Hofheim

Telefon: +49 (0) 6122 - 596 10 64

E-Mail: info@daniela.girg.de
Internet: www.daniela.girg.de

Psychotherapeutische Heilverfahren mit Fokus auf Stressprävention und Burn-
outberatung bzw. -bewältigung. Spezialisiert auf ROMPC®, einem Stress- und
Traumatherapieverfahren und ergänzende Entspannungstrainings.

Prölß, Helene | Auszeitkultur

Dipl. Betriebswirtin Marketing und Kommunikation
Beratung Auszeitkonzepte | Manager ohne Grenzen

D-70182   Stuttgart

Telefon: +49 (0) 711 - 236 23 90

E-Mail: coaching@auszeitkultur.de
Internet: www.auszeitkultur.de | www.managerohnegrenzen.de

Erfahrene Coach'in, erprobte ganzheitliche Stresspräventions- und Akut-Beratung.
Auszeit-Coaching, Strategieentwicklung (Beruf, Unternehmen, Privat), Seminare.
Motivations-Vorträge. Auszeit als „Manager ohne Grenzen".

Steybe, Tanja

Coach | Trainerin | Beraterin | Yogalehrerin

D-74081   Heilbronn

Mobil: +49 (0) 160 - 884 78 19

E-Mail: mail@steybe-coaching.com
Internet: www.steybe-coaching.com

Fachliche Kompetenz durch langjährige Führungserfahrung verbunden mit sozialer
Kompetenz durch meine Yogalehrertätigkeit zeichnen mich und meine Arbeitsweise
aus. Nutzen Sie meine Erfahrungen im Bereich Burnout und Stressmanagement.

Meyer, Andrea | aim-4you®

De-Stress | Burnout-Berater | Preventer
Trainer | Coach

D-80687   München

Telefon: +49 (0) 89 - 74 97 57 00

E-Mail: andrea.meyer@aim-4you.de
Internet: www.aim-4you.de

Mit Vorträgen, Workshops, Trainings, Personaltrainings begleite ich Betroffene
und Firmen sowohl präventiv als auch nachhaltig zu den Themen: De-Stress,
Kommunikation, (Selbst)-Führung, Zeitmanagement, Ethik, Veränderungsprozesse.

Zäuner, Alexandra

Psychotherapie und Coaching München
Psychologische Psychotherapeutin | Organisationsberaterin

D-81379 München

Telefon: +49 (0) 89 - 64 29 89 33

E-Mail: alexandra.zaeuner@pucm.de
Internet: www.pucm.de

Behandlung und Prävention von Burnout im Rahmen von Psychotherapie, Coaching und Organisationsberatung. Langjährige Erfahrung als Seminarleiterin und Referentin zu den Themen Stress- und Zeitmanagement, Führung, Kommunikation.

Faßbender, Alexander Maria

Coach | Psychologe | Therapeut

D-83646 Bad Tölz | Hamburg | Wien

Telefon: +49 (0) - 172 - 415 41 01

E-Mail: business@alexander-maria-fassbender.de
Internet: www.alexander-maria-fassbender.de

Alexander Maria Faßbender ist einer der Top-Coachs für Persönlichkeitsentwicklung. „Inspiration for life" ist sein Markenzeichen und „Alles wird immer besser" sein Motto. Er erarbeitet immer Lösungen – erfolgreich und effizient.

Münichsdorfer, Kurt

Burnout-, Persönlichkeits- und Business-Coaching
Diplom-Kinesiologie-Coach | Entspannungspädagoge

D-85521 Ottobrunn (München)

Telefon: +49 (0) 89 - 63 85 64 58

E-Mail: info@muenichsdorfer.com
Internet: www.stressbewaeltigung-muenchen.de

Coaching zur Burnout-Prävention und zum Weg aus dem Burnout. Experte, Coach, Trainer zu den Themen Stress- und Selbstmanagement, Führung, Kommunikation, Leistungssteigerung, Kinesiologie, DISG®- Persönlichkeitsprofile.

Paschka, Christiane

Systemischer Coach | Business Coach
Lern-und Mentaltrainerin | Beraterin

D-85635   Höhenkirchen/Siegertsbrunn

Mobil: +49 (0) 1520 - 153 71 83

E-Mail: info@christiane-paschka.de
Internet: www@christiane-paschka.de

Mentale Strategien für ein Leben in Balance: Mit langjährigen Erfahrungen im medizinischen Bereich und im Management stehe ich Ihnen zur Seite. Gemeinsam erstellen wir mit Ihren Potenzialen und Ressourcen Ihre eigene Erfolgsbiografie.

Armbrust, Stefanie | fly-concepts

Pastoralpsychologische Beraterin
Fitness- und Gesundheitscoach | Musikerin | Musikpädagogin

D-88289   Waldburg

Telefon: +49 (0) 7529 - 91 34 56

E-Mail: info@fly-concepts.de
Internet: www.fly-concepts.de

Coachings zur Lebensentfaltung und begleitende Unterstützung in Lebenskrisen Einzelberatung; Vorträge; Auszeit-, Gesundheits- und Musikwochen, … Ziel: Ganzheitlich betrachten, werden & leben. Entfaltung der Flugel des Glaubens.

Fuckerer, Manuela

Präventologin® | Lach-Yoga-Trainerin,
Dozentin | Stimm- und Rhythmusexpertin

D-90547   Stein / Nürnberg

Telefon: +49 (0) 911 - 670 71 44

E-Mail: info@jetzt-gesund-und-gut.de
Internet: www.jetzt-gesund-und-gut.de

Ich halte Workshops, Seminare, Vorträge mit Humor zu Prävention. Motto „Gesund bleiben, gut leben." Gesundheit, Verhalten, Einstellungen und Lebensbedingungen sind abhängig voneinander und ganzheitlich zu sehen. Individuelle Lebensführung.

Dr. med. **Wenzel, Petra**

Ärztin | Präventologin | Bestsellerautorin
Coaching | Vorträge | Psychische Gesundheit & Ernährung

D-95138 Bad Steben

Telefon: +49 (0) 9288 - 20 53 10

E-Mail: info@petrawenzel.de
Internet: www.petrawenzel.de

Den Anforderungen des modernen Lebens mit Freude gewachsen sein: das ist das
Ergebnis des Wertebasierten Coachings (nicht nur) für Manager und Führungskräfte. Tipps zu Gesundheit werden erfrischend anders und mit viel Humor vermittelt.

Mahr, Renate Irena

Business-Coach | Systemischer Coach | Mental-Coach
Hypnose-Coach | wingwave-Coach | Vortragsrednerin

D-96047 Bamberg | **D-33100** Paderborn

Mobil: +49 (0) 177 - 627 98 80

E-Mail: rim@managementor.de

Unser Leben ist unsere Entscheidung – wir wählen die Umstände, die Personen,
den Umgang mit Problemen. Veränderung? Ich begleite Sie durch Veränderungsprozesse. Alles Gute: Machen Sie es gut und lassen Sie es sich gut gehen!

Buchenau, Peter

Ratgeber | Speaker | Coach

D-97295 Waldbrunn / Würzburg

Telefon: +49 (0) 9306 - 98 40 18

E-Mail: peter@peterbuchenau.de
Internet: www.peterbuchenau.de | www.stressregulierung.de

Ihr Ratgeber und Experte für die Früherkennung von Stresssymptomen und dem
Burnout-Syndrom. Mit seinem Burnout-Kabarett und seinen unterhaltsamen Vorträgen versteht er es wie kein anderer, diese Themen humorvoll zu präsentieren.

Heck, Susanne

Business-Coach | Mediatorin | Oekotrophologin
Stress- und Burnout-Prävention

D-97877 Wertheim am Main

Telefon: +49 (0) 9342 - 918 07 76

E-Mail: heck@burnout-praevention.info
Internet: www.susanne-heck-coaching.de

Seminare und Workshops zu den Themen Stress- und Burnout-Prävention, Konfliktmanagement, Wertebasiertes Führen sowie Beratung für eine ausgewogene und gesunde Ernährung am Arbeitsplatz. Einzel- und Teamcoaching.

Mag. **Weigl, Karin**, MSc

Unternehmensberaterin | Lebens- und Sozialberaterin
Systemischer Coach | Diplom-Kinesiologin

A-1050   Wien

Telefon: +43 (0) 676 - 775 67 95

E-Mail: kontakt@karin-weigl.at
Internet: www.karin-weigl.at

Ganzheitlicher Ansatz mit Fokus auf der Verbindung von Verstand und Bauchgefühl bzw. sich (wieder) im Körper zu spüren. Themen: Burnout, Neuorientierung, Talente-Coaching, Teamentwicklung, Leadership, Führungskräfteentwicklung.

Hös, Gerhard

Unternehmensberater | Diplom-Burnout-Manager

A-1220   Wien

Telefon: +43 (0) 680 - 323 40 63

E-Mail: der_burnout-manager@drei.at
Internet: www.derburnoutmanager.at

Für Unternehmen erstelle ich Analysen und passende Maßnahmen zur Burnout-Prävention. Als Burnout-Präventions Coach begleite ich meine Klienten zur nachhaltigen Stress-Bewältigung.

Augustin, Matthias

Berater | Trainer | Coach
Fokus: Burnout-Prävention & betriebliche Gesundheitsförderung

CH-8001 Zürich | Oetenbachgasse 26

Telefon: +41 (0) 79 - 744 88 18

E-Mail: matthias.augustin@ctsgroup.ch
Internet: www.ctsgroup.ch

Proaktive Burnout-Prävention für Einzelpersonen und Firmen: Mit der 24 Std.-Herzratenvariabilitätsmessung (HRV) können Stress, Erschöpfung und Raubbau frühzeitig erkannt und mit einfachen Maßnahmen sinnvoll angegangen werden.

Ratz, Caroline

Psychotherapeutin | Beraterin
Supervisorin | Coach

CH-8006 Zürich

Telefon: +41 (0) 43 - 810 07 43

E-Mail: info@suco-ratz.ch
Internet: www.suco-ratz.ch

Menschen, die an Burnout oder Boreout respektive den damit verbundenen Krankheiten leiden, sind bei mir besonders gut aufgehoben. Keine Standardrezepte, sondern eine individuelle, maßgeschneiderte, achtsame Begleitung!

Vogel, Rosemary

Mal- & Kreativ Coach
Persönliches Life Design

CH-8800 Thalwil

Telefon: +41 (0) 44 - 722 30 94

E-Mail: info@redesignyourlife.ch
Internet: www.redesignyourlife.ch

Als lebenserfahrene, positiv denkende Person habe ich eine Passion für Menschen. Mit meiner präsenten, kreativen und schnell-denkenden Art begleite ich Sie durch Veränderungen. Meine langjährigen Auslandaufenthalte prägten mich.

Labas, Stefan | labas results AG

Gesundheits-Coach & Personaltraining | Burnout-Prävention
LifeBalance | Ernährungsberatung | MentalesTraining

CH-8803 Rüschlikon

Telefon: +41(0) 44 - 724 10 00

E-Mail: stefan.labas@labas.ch
Internet: www.labas.ch

labas results vereint über 25 Jahre Erfahrung mit den Erkenntnissen aus westlicher und fernöstlicher Methodik. Der Fokus liegt dabei auf den vier Grundpfeilern gesunde Ernährung, richtige Bewegung, aktive Entspannung und mentale Fokussierung.

Bischofberger, Marcel

Timeout Mann-Tschu
Kraftvoll auftanken auf dem Bauernhof

CH-8962 Bergdietikon

Telefon: +41 (0) 79 - 320 40 77

E-Mail: info@mann-tschu.ch
Internet: www.mann-tschu.ch

Finden Sie bei uns auf dem Bauernhof einen geschützten Raum zur Selbstreflexion und Neuausrichtung. Ein Timeout Mann-Tschu vereint Naturbezug, Körperarbeit und den Zugang zum vertrauensvollen Gespräch. Wir freuen uns auf Sie!

Wenter, Gregor | Hotel Bad Schörgau

Erstes zertifiziertes Burnout Präventionshotel Südtirols

I-39058 Sarntal / Südtirol

Telefon: +39 (0) 471 - 623048

E-Mail;   info@bad-schoergau.com
Internet: www.bad-schoergau.com

Wir bieten gastronomische Fun- und Entspannungswochen mit Kochkursen, Wanderungen, Ausflügen, Latschenkiefer Badln, verschiedenste SPA Anwendungen und individuelle Mental-Trainings sowie gezielte Stress- und Burnout-Prävention.

Bedarf an Ganzheitlichkeit

In den letzten Jahrzehnten hat sich gezeigt, dass neben den medizinischen Erfolgen auch Naturheilverfahren, alternative und komplementäre Medizin sowie eine gesunde Spiritualität und Eigenverantwortung das gesundheitliche Potenzial deutlich verbessern können.

Die Weiterentwicklung der heutigen Medizin in Richtung einer ganzheitlichen Heilkunde und die Integration der verschiedenen Berufsgruppen im Gesundheitssektor ist eine Forderung unserer Zeit!

Burnout-Zentrum e.V. – das unabhängige Kompetenz-Netzwerk

Mit dem in Europa einmaligen Zusammenschluss unterschiedlichster spezifischer Berufsgruppen bietet Burnout-Zentrum e.V. Interessierten ein überregionales Netzwerk zur Information über individuelle Behandlungsmethoden bei stressbedingten Erkrankungen.

Ziel von Burnout-Zentrum e.V. ist, jedem Betroffenen dabei zu helfen, seinen individuellen Weg heraus aus der Stress-Spirale und hinein in ein entspannteres, erfüllteres Leben zu finden.

Das Zentrum versteht sich als ein neutrales und unabhängiges Kompetenz-Netzwerk mit zentralen Ansprechpartnern. Es fördert die Zusammenarbeit von Ärzten, Psychologen, Therapeuten, Heilpraktikern, Coachs, Trainern und anderen spezifischen Berufsgruppen – sowohl auf nationaler als auch internationaler Ebene.

Mit seiner Präsenz trägt es dazu bei, die Öffentlichkeit zum Thema Stressbewältigung und Burnoutprävention zu sensibilisieren.

BURNOUT ZENTRUM e.V.

Fachverband für Stressbewältigung und Burnoutprävention

Burnout-Zentrum e.V. bietet für:

- **qualifizierte Experten:** interdisziplinären Austausch und Kooperations-
möglichkeiten auf dem Gebiet der Stressbewältigung und Burnoutprävention, Erstellung ganzheitlicher und nachhaltiger Präventionskonzepte,
Förderung und Qualifizierung von Fachkräften durch Angebote für Aus-
und Weiterbildungen.

- **Burnout-Betroffene:** Informationen und Beratung zu möglichen Behandlungsmethoden, Vermittlung von Experten in Ihrer Region, Erstberatung.

- **Unternehmen | Organisationen | Verbände:** Expertenpool, Beratung
und Erstellung von Präventionsprogrammen und Schulungen, Erstellung
von Konzepten zur Einführung und Pflege des betrieblichen Gesund-
heitsmanagements.

Zudem ist das Zentrum Ansprechpartner für fachspezifische Organisationen,
Netzwerke und Verbände.

Viele der vorgestellten Experten sind bereits Mitglied im Burnout-Zentrum
e.V. Sie stehen stellvertretend für Experten aus ganz Europa.

Weitere Informationen unter:

Burnout-Zentrum e.V.
Europäischer Fachverband für
Stressbewältigung und Burnoutprävention

Röntgenstraße 20

D-97295 Waldbrunn / Würzburg

Telefon: +49 (0) 9306 98 40 18

E-Mail: **info@burnoutzentrum.com**
Internet: **www.burnoutzentrum.com**

Fällt aus dem Rahmen!

Schlau gelaunt
Neue Erkenntnisse der Gehirnforschung

Neues Wissen gegen Burnout & Co. humorvoll verpackt: Wie funktioniert der „Personal Computer" zwischen unseren Ohren? Wie lässt sich Burnout mit Vitalstoffen vorbeugen und die Psyche gesund halten? Was braucht das Hirn für den „gesunden Menschenverstand"?

Das Sachbuch der Ärztin und Präventologin Petra Wenzel ist ein abwechslungsreich gestalteter Ratgeber über neueste Erkenntnisse aus der Gehirnforschung und Ernährungswissenschaft. Die Autorin schlägt eine Brücke vom professionellen Blick auf medizinische Fakten zu einer für Laien verständlichen Darstellung, welchen Nutzen Vitalstoffe, eine positive Einstellung und Bewegung für das Gehirntuning haben– inklusive eines kritischen Blicks auf Gesundheitsmarkt und Pharmaindustrie.

Firmen- und produktneutral zeigt es, dass Gesundheit z.B. ohne gesunde Ernährung und Nahrungsergänzung nicht geht. Der gezielte Einsatz von Vitalstoffen zur Vorbeugung und Therapie unterschiedlicher psychischer Probleme wird wissenschaftlich fundiert dargestellt.

Das optimale Geschenk | Burnout-Prävention - auch für Nicht-Leser!

„schlau gelaunt" ist der Türöffner auch für Nicht-Leser mit Tendenz zum Zweitbuch, für Gesundheitsmuffel und Vitamin-Skeptiker: Das Daumenkino vom bekannten Cartoonisten Peter Gaymann verleitet zum Blättern. Das Kino wirkt präventiv durch die Koordination von Auge, Herz, Hand und Verstand! Die wichtigste Daseinsfrage (Wer war zuerst da, Henne oder Ei?) wird beantwortet. Das Buch wirkt nach mehreren Kinobesuchen gelesen und der Leser sympathisch intellektuell ;-)).

Und er hat Lust, dann wirklich zu lesen und etwas für seine Gesundheit zu tun – versuchen Sie es selber!

Schlau gelaunt – neue Erkenntnisse aus der Gehirnforschung
ISBN 978-3-981-3507-7-7 | biobliothek Ltd. | Preis: (D) **19,90 €**
Bezug | Buchhandel | www.petrawenzel.de/online-shop.html

biobliothek® | der etwas andere Verlag

biobliothek® - der Name ist Programm. bio steht für Nachhaltigkeit und Zukunft, biobliothek® ist kommunizierte Prävention. Das Team des Verlags hat sich der Idee der Prävention mit seinem Herzblut

verschrieben. Neben dem notwendigen Know-How für zielführende Publikationen bietet der biobliothek®-Verlag Initiative und Elan, Gespür für Leserwünsche, eine erfrischende Gestaltung und zündende Ideen für die Vermarktung: eben „das gewisse Extra".

www.biobliothek.de

Burnout 6.0 | Peter Buchenau | Herausgeber

Peter Buchenau ist ausgebildeter Trainer und zertifizierter Coach. Als ehemaliger Projekt- und Krisenmanager ist er durch sein Fachwissen und seine Erfahrungen ein einzigartiger Spezialist für die

Früherkennung von Stress und dem Burnout-Syndrom. Er versteht es, Menschen auf humorvolle Weise zu sensibilisieren, aufzuklären und zu motivieren. Als Mitbegründer und Vorstandsvorsitzender des Burnout-Zentrum realisierte er das vorliegende Buch.

www.peterbuchenau.de

Bestsellerautorin | Dr. med. Petra Wenzel *über 700.000 verkaufte Bücher!*

Dr. Petra Wenzel ist erfolgreiche und „schlau gelaunte" Autorin international veröffentlichter Gesundheitsbücher. Als Expertin für Psyche und Ernährung appelliert sie an den gesunden Menschen-

verstand. Die ganzheitlich orientierte Ärztin und Präventologin ist bekannt für mitreißende Seminare und aktivierende Coachings. Sie vermittelt Wissen fachkundig und sprachlich locker, ohne jemals belehrend zu wirken. Ihre Mission ist die aktive „Hilfe zur Selbsthilfe".

www.petrawenzel.de

bio steht für Nachhaltigkeit, pro-Natur und Zukunft
Bibliothek bedeutet Büchersammlung
biobliothek® ist kommunizierte Prävention - für Sie!

Das vorliegende Werk ist in all seinen Teilen urheberrechtlich geschützt. Alle Rechte vorbehalten, insbesondere das Recht der Übersetzung, des Vortrags, der Reproduktion, der Vervielfältigung auf fotomechanischem oder anderen Wegen und der Speicherung in elektronischen Medien. Nachdruck, auch auszugsweise, sowie Verbreitung durch Bild, Funk, Fernsehen und Internet, durch fotomechanische Wiedergabe, Tonträger und Datenverarbeitungssysteme jeder Art nur mit schriftlicher Genehmigung des Verlages.

Ungeachtet der Sorgfalt, die auf die Erstellung von Text, Abbildungen und Programmen verwendet wurde, können weder Verlag noch Autor, Herausgeber oder Übersetzer für mögliche Fehler und deren Folgen eine juristische Verantwortung oder irgendeine Haftung übernehmen.

In diesem Werk wiedergegebene Gebrauchsnamen, Handelsnamen, Warenbezeichnungen usw. können auch ohne besondere Kennzeichnung Marken sein und als solche den gesetzlichen Bestimmungen unterliegen.

Dieses Buch wurde gesetzt aus der DejaVu und Jura in Adobe InDesign CS5.5.

Umwelthinweis

Dieses Buch wurde nach dem weltweit anerkannten FSC-Standard produziert. Das Holz für das Papier stammt aus Wäldern, die verantwortungsbewußt, nachhaltig und umweltschonend bewirtschaftet werden. Das Papier ist chlorfrei gebleicht.

© 2012, biobliothek® Ltd., Bad Steben | www.biobliothek.de
1. Auflage. Alle Rechte vorbehalten.

Coverdesign	Dr. Petra Wenzel	Andrea Forst
Bildnachweis	Lizenz durch iStock Photos
Satz/Layout	Dr. Petra Wenzel	Andrea Forst
Lektorat	Dr. Petra Wenzel	Lektorado GbR
Druck	Bindung	Schneider Printmedien GmbH, Weidhausen
	Printed in Germany, 2012

ISBN   **978-3-9813507-6-0**